武汉大学数智教育丛书

武汉大学数智教育
支撑体系建设指南

吴丹　主编

WUHAN UNIVERSITY PRESS

武汉大学出版社

图书在版编目(CIP)数据

武汉大学数智教育支撑体系建设指南／吴丹主编． --武汉：武汉大学出版社，2024.7.(2024.10 重印) --武汉大学数智教育丛书．
ISBN 978-7-307-24470-2

Ⅰ.G649.286.31

中国国家版本馆 CIP 数据核字第 2024WB4615 号

责任编辑:胡　荣　　　　责任校对:汪欣怡　　　　版式设计:韩闻锦

出版发行: **武汉大学出版社**　　(430072　武昌　珞珈山)

(电子邮箱：cbs22@ whu.edu.cn　网址：www.wdp.com.cn)

印刷:湖北金港彩印有限公司

开本:720×1000　1/16　印张:8.5　字数:105 千字　插页:2

版次:2024 年 7 月第 1 版　　2024 年 10 月第 2 次印刷

ISBN 978-7-307-24470-2　　定价:59.00 元

编 委 会

前　　言

人工智能（AI，Artificial Intelligence），已经成为新一代信息技术的典型代表，成为深刻影响社会、经济、文化等领域的重要因素。近年来，人类在机器上实现了较高水平的文字生成、图像生成和视频生成，ChatGPT、Sora 相继在各个行业刮起阵阵旋风，数智教育也正蔚然成风。

纵观近百年的科技发展历程，我们无疑站在了一个新的风口上——人工智能赋能教育革命。全球新一轮 AI 升级和科技革命给各行各业带来了前所未有的发展机遇，教育行业也不例外，人工智能赋能教育将成为未来一段时间党和国家重点关注的问题。党的二十大报告指出，"推进教育数字化，建设全民终身学习的学习型社会、学习型大国"。2023 年 5 月 29 日，习近平总书记在主持中共中央政治局第五次集体学习时指出，"教育数字化是我国开辟教育发展新赛道和塑造教育发展新优势的重要突破口"。为应对数字化时代的变革，教育部实施了教育数字化战略行动。

2024 年 1 月 30 日，教育部部长怀进鹏在上海召开的"2024 世界数字教育大会"上，发表了《携手推动数字教育应用、共享与创新》的主旨演讲，再次强调以服务人的全面发展为目标，通过智能化发展数字技术的创新理念，之后将实施人工智能赋能行动，促进智能技术与教育教学（AI for Education）、科学研究（AI for Science）、社会（AI for Society）的深度融合，为学习型社会的建设、智能教育和数字技术融合发展提供充足的理论支撑，并明确将坚持"数字向善"原则，积极推动"以智助学、以智助教、以智助管、以智助研"。与会同时发布的《中国智慧教育发展报告（2023）》指出，中国在过去 3 年，通过实施国家教育数字化战略行动，在数字资源建设应用、数字素养培养、数字教育体系构建 3 个方面取得了明显进展，在全球数字教育发展指数排名位列第 9 位。同时，中国也在较短时间内，在师生数字素养与教育治理的数字化建设方面，通过实施一系列推进措施，取得了长足进步。

武汉大学主动对接国家战略和时代发展需要，积极推动高等教育的数智转型，着眼于为国家培养具备数字思维、数学素养和智算技能的复合型人才，于 2023 年 11 月发布了《武汉大学数智教育白皮书（数智人才培养篇）》。学校遵循"顶层设计、统筹规划、分类培养、稳步推进"方针，制定了全校一体化的数智人才培养体系建设方案。

"工欲善其事，必先利其器"，数智课程的教育还需数智教育体系的支撑，武汉大学于 2024 年 4 月发布《武汉大学数智教育支撑体系建设指南》。本建设指南的推出是对国家数字化教育战略和学校数智化改革的落实。高质量的教育管理需要形成管理闭环，即计划（Plan）—执行（Do）—检核（Check）—改进（Act），具有可持续性改进的内在驱动性。这个数智支撑体系主要包括四个部分：知识图谱篇（P）、大语言模型应用篇（D）、智慧课堂篇（C）、数智教育评价篇（A）。这四个部分相互独立而又相辅相成，可以很好地支撑教育质量管理的闭环。知识图谱实现了知识点的数智可视化，让学生全面了解知识体系并明确学习目标；大语言模型应用平台让师生快速接触和应用智能模型，降低师生应用和学习智能模型的难度和复杂度；智慧课堂是知识点落实的新形态数智场所，利用全程跟踪功能实现对教学内容掌握程度的及时洞察；数智教育评价是开展教学活动海量数据的全景式评价，有助于师生发现自身问题继而寻求改进方向。每一部分均可单独依照指南进行建设与应用，也可在建设和应用中实现数智化的交叉串联。师生在教与学的过程中，徜徉于数字的海洋，尽享智能的乐趣。教学管理单位也可以更方便、更直观地观察和分析教学活动。宏观来讲，数智教育支撑体系的建设不仅仅是将教学活动数智化，更重要的是在数智化的过程中培养更有创新精神、更具适应能力的教师和学生，以确保成人成才的教育旨归。

数智教育正在引领当下世界范围内的教育变革风潮，教育机构、施教者、学习者都要主动学习、适应，站在新时代变革的风口上，做引领教育变革的先行者。

数智教育的春风，来了！

目　录
Contents

建 设 目 标

　　武汉大学积极推进数字化教育转型，引领数智教育改革，通过实践和推广 AI 技术在教育领域的深度应用，塑造未来教育的新范例。《武汉大学数智教育支撑体系建设指南》是对《武汉大学数智教育白皮书（数智人才培养篇）》提出的战略愿景和长远规划的具体实施举措之一，本指南将为武汉大学在智慧教室、大数据平台、数字课程、数智人才培养、AI 协同教学、智能评价中的数智技术运用提供指导和操作指南，确保数智教育改革的有效推进，并促使全校师生在数智教育变革中提升自身能力和适应度，如图 1 所示。其关键建设目标如下：

1. 夯实数字底座新能力

　　补齐云、网、端基础设施短板，实现数智建设进程中基础设施的技术先进性、联通协调性的全面提升。此外，重点推进智慧教室数字化转型，推动珞珈在线教学平台与智慧教室触控大屏、摄像头、一体机等硬件设备的融合，实现远程直播授课、课后视频回看、课堂数据采集、授课教学辅助、智能分析知识点等教学方式转型，颠覆传统教学模式、建立以学生为中心，支持个性、开放、活跃等多种学习模式的教学环境，助力学校数字化基础能力进入国家第一方阵。

图 1　数智教育支撑体系建设指南顶层架构

2. 打造数智教学新生态

推进知识图谱、混合式课堂、人工智能技术与珞珈在线的深度融合，构建具备个性化学习路径推荐、精准化学情分析、立体化资源共享、多元化课堂活动的"可成长"学习体系，促使传统以教授成果为目标的教学范式向以培养学生综合能力为目标转变，将武汉大学数智促学新范式打造成全国数字教育的品牌。

持续拓展珞珈在线教学平台功能，推进 AI 助教、知识图谱、虚拟教研室等融合式教学过程发展，打造新型智慧教学空间，助力教师精准答疑、高效备课的同时，将人才培养方案、教学大纲、课程目标、能力要求和珞珈在线课程知识点进行深度结合，实现教师强交互、沉浸式教学方法创新。

3. 创新以智助管新模式

依托大数据、人工智能等技术，一方面，持续优化珞珈在线数据分析能力，对全校教学活动、学情状况进行全面监测和深度分析，为教学效果定量评估和分析提供数据支撑；另一方面，助力多系统与教学大数据平台融合，打破数据壁垒、创新上层应用，推进管理模式由"不清晰"向"了解需求和瓶颈"转变，实现全校教学指标、学习动态、评价结果等的可视化展示、精细化比对、高质量报告，形成教与管双向赋能、互动发展的良性态势。

4. 实现数智教育一体化

以教育核心业务数字化建设为抓手，依托珞珈在线教学平台，推进珞珈数智教育一体化建设。通过搭建统一身份认证、统一平台入口、多元应用服务等功能，助力武汉大学智慧教育应用汇聚、资源共享、数据互通。逐步实现教学管理、在线学习、资源应用、督导评价、动态分析、归档查询等多方面的数据管理闭环化，满足教学管理基本业务需求的同时，立足长远，实现"教、管、服"全流程再造，促进个性化人才培养与规模化教育的有机结合，成为全国"互联网+教育"大平台建设的示范性标杆。

1. 知识图谱篇

1.1 背景及必要性

1.1.1 实施背景

2022 年以来，全球新一轮科技革命和 AI 升级带来了前所未有的发展机遇。为顺应数字化时代的变革，教育部实施了教育数字化战略行动。发展数字教育，推动教育数字化转型，是大势所趋、发展所需、改革所向，更是教育工作者应有之志、应尽之责、应立之功。中国将推动教育评价科学化、个性化，运用海量数据形成学习者画像和教育知识图谱，更好地实现因材施教。

随着"十四五"建设的开局，2021 年教育部发布了一系列文件，为中国教育的数字化转型谋篇布局。2023 年 3 月，教育部发布了《教育部办公厅关于组织开展战略性新兴领域"十四五"高等教育教材体系建设工作的通知》，强调教材建设团队需参照"新兴领域教材研究与实践项目"研究报告，进一步梳理有关新兴领域的核心课程及相应课程的知识领域、知识单元、知识点，构建核心课程的知识图谱。

知识图谱被称为"人工智能的基石"，通过对碎片化的资源进行重构，整合形成清晰的专业知识点脉络及资源归纳；通过知识点的打散重组，实现资源的有效关联。无论是专业、课程、教材，抑或是课堂教学、教学比赛，知识图谱的应用都可以从多方面、多维度优化知识表达，并在教学中实现教学目标的精准达成。

此外，在优势学科中还可试点专业图谱，为专业人才培养做好顶层设计并统筹规划、科学管理。通过专业图谱对学生知识能力、技术能力、素质能力全面画像，形成由毕业要求到学生考核、由课程目标到课程评价的数智化双支撑。

1.1.2 实施必要性

1.1.2.1 建设知识图谱的必要性

知识图谱在本质上是一种语义网络，是各类实体、概念及其相互关系的可视化表达方式。相较于传统知识形态的表达方式而言，知识图谱具有实体/概念覆盖率高、语义关系多样、结构友好等优势，可以通过课程知识点打散重组，实现多方面、多维度知识的优化表达。同时，可以为人工智能技术的发展提供更为充足的先验知识，帮助形成学生知识掌握的全面画像。

（1）知识图谱可以优化教育资源配置。通过对学校内部教育资源的结构化组织和管理，知识图谱可以帮助学校优化教育资源配置，更好地满足学生和教师的需求。高校内部存在着各种知识资源，包括教学资源、科研资源等；而学校外部也存在着各种知识资源，包括学术期刊、科技成果等。知识图谱可以将各类资源整合到统一系统当中，实现知识的交流和共享，提高知识的利用效率。

（2）知识图谱可以促进教学改革。通过对学生的学习情况、课程的教学情况等进行精细化分析，知识图谱可以为学校的教育决策提供数据支持，从而提高教育的科学性和有效性，有助于学校更好地管理资源，制定更科学的管理政策；知识图谱也可以促进教师的教学改革，帮助教师更加系统地规划和设计课程，优化教学方式和教学内容，从而提高教学质量和效率。

（3）知识图谱可以提高教学质量。通过知识图谱的使用，可以改善学习效果、提高教学效率、促进知识共享、实现跨学科学习、提升数据管理效率等。通过将知识重组为实体、属性和关系的网络，知识图谱可以帮助师生更好地理解和使用知识，有助于培养学生的综合素质和批判性思维能力。

1.1.2.2 融入课程思政的必要性

（1）知识图谱可以实现课程思政可视化。目前，武汉大学已经建设了229门MOOC资源，其中139门MOOC被国家高等教育智慧教育平台收录，15门双语课程在"爱课程"（中国大学MOOC）国际平台上线，已经实施的线上线下混合式教学课程超过200门，覆盖了全校大部分专业。武汉大学课程思政教学研究中心通过建设课程思政资源案例网站、举办课程思政教学论文评选和说课大赛等多项举措，在课程思政理论、方法、评价与实践等方面取得了多项成果。

在数字化时代，知识图谱的可视化运用场景越来越重要。综摄学科视角与专业维度，将思政元素及其维度标签与知识图谱可视化的特点相结合，实现无缝融入，进行可视化表达和展示，可直观呈现知识目标、能力目标与课程价值目标的结合情况。将专业知识图谱在混合式教学中应用、实践，从而实现教学对象知识能力学习和情感、态度、价值观的同步正向提升，实现学科专业知识与思政育人理念的深度融合。

（2）知识图谱可以落实课程思政评价。目前，武汉大学已经发布了两辑《武汉大学课程思政教学评价指南》，指南归纳了12项价值目标以及多达百项的评价维度，并提供了相关量化测评方法，为建设融入价值目标及其评价的知识图谱奠定了坚实基础。

基于知识图谱的精准反馈评价体系是一种高效的课程价值目标评价方法。知识图谱作为数字化时代的新型教学工具，结合课程思政评价问卷，精准地进行学情统计和分析。将采集的数据与知识图谱进行融合，可以构建学生学习表现与评价指标之间的联系。

1.2 建设方案

1.2.1 知识图谱系统功能标准

学校集成以知识图谱为核心的管理、检测、推荐及监控模块，通过知识图谱形成各专业的知识点网络，供学生自主学习及自我检测。根据学生所在专业所涉及的知识图谱、自测情况及课程的前后继关系，更加精准地进行资源推送，从而解决学生学习过程中的盲点、难点，充分发挥知识图谱平台在教与学活动中的作用，切实提升教学信息化水平，为学校学科专业发展提供支撑和保障。支持课程思政案例库资源规范化并入学科/专业知识图谱，支持课程思政案例对课程知识点"引入-展开-升华"的多重关系挂接，引领教师深入开展以立德树人为核心的融合课程思政的教学设计，如图2所示。

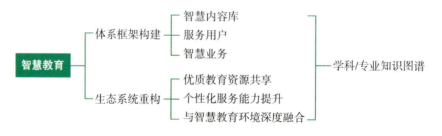

图2 学科/专业知识图谱模型构建

通过构建"实体-关系-实体"三元组，将实体与相关"属性-值"相对应，实现实体间的关系互联，构成网状的知识结构体系，与课程思政的切入点和融入点相协同，推动实现与学科知识同向同行的育人效果。

知识图谱业务系统模块功能，如表1所示。

表 1   知识图谱业务系统模块功能

序号	应用软件名称	模块名称	功能描述
1	知识图谱构建和管理	知识图谱框架管理	1. 支持建立以学校的"课程-知识点"为体系的知识点架构，进行后台知识图谱框架管理
			2. 支持对课程的课程类别、课程性质进行增删改查管理
			3. 支持不同专业关联不同的课程，生成学科知识图谱
			4. 支持珞珈在线网络教学平台课程知识图谱互相同步调用，便于统一管理
		知识图谱构建	1. 支持知识点多层级架构建立，生成父子级知识点关系
			2. 支持手动添加、模板导入等方式手动构建知识图谱
			3. 支持智能导入，支持用户上传课程大纲、教材等，支持系统智能识别构建生成知识图谱
			4. 支持课程和网络知识图谱互相同步调用
			5. 支持本地导入 xmind 格式的思维导图文件，自动读取文件数据，生成知识图谱
			6. 支持课程思政建立顶层结构，与专业知识图谱同向联系
		知识图谱管理	1. 支持知识点之间进行前置关系、后置关系、关联关系的设定
			2. 支持给知识点打标签及自定义标签内容，支持同一个知识点标记多个标签
			3. 支持对引用后台课程的知识图谱先进行审核，审核通过后才允许引用，并记录引用次数
			4. 支持跨课程知识点的关联，关联后可以进行同一专业下多门课程的知识点关联展示
			5. 支持教师调整知识点在课程空间菜单栏的显示顺序
			6. 支持课程思政案例、资源的插入和删除，支持设置其与知识点之间的关系

序号	应用软件名称	模块名称	功能描述
1	知识图谱构建和管理	知识图谱展示	1. 支持根据知识树的关联关系，自动生成知识图谱
			2. 支持知识图谱形成网状结构，点击对应知识点即可查看知识点的相关资源
			3. 支持按照知识点的关系属性（父子、关联、前后置）进行联动筛选
			4. 支持按照知识点和标签两个维度进行知识点的筛选查看
			5. 支持教师端显示知识点统计卡片，点击对应知识点可以查看知识图谱建设情况及学生学习情况
			6. 支持智能生成学科/专业知识图谱，直观展示课程知识点及其与跨课程知识点的相关关系，方便整合和规划课程建设，促进学科交叉发展
			7. 支持知识图谱的显示、展开、收起功能，默认显示父级知识点，点击显示子级知识点
			8. 教师端支持显示知识图谱上所有知识点的综合统计情况卡片
			9. 支持课程思政图谱与知识图谱的同向显示
2	知识图谱应用	资源管理	1. 支持教师对课程章节内容（如视频、音频、文档、图书、章节测验等）进行知识点标记，并作为知识点教学任务进行设置，方便学生按知识点进行任务学习
			2. 支持系统智能识别视频内容，在视频时间点上自动打上知识点标签，教师可以编辑修改；视频播放时学生可以定位到时间点观看对应知识点的视频讲解；支持课程思政视频和案例的标签

序号	应用软件名称	模块名称	功 能 描 述
2	知识图谱应用	资源管理	3. 支持批量对课程资料标记知识点，支持批量对课程思政资料标记知识点
			4. 支持按知识点上传资源，并查看知识点关联资源数量，方便教师按知识点管理资源，支持课程思政案例和资源同步挂接对应课程知识点
		题库管理	1. 支持多种题型的创建管理，包括单选、多选、填空、判断、简答、名词解析、论述、计算、分录、连线、排序、完形填空、阅读理解、口语、听力等常见题型
			2. 支持在创建或编辑题目时标记每道题对应的知识点标签，并支持按知识点筛选管理题目
			3. 支持按模板批量导入题目时导入题目知识点
			4. 支持批量编辑题目关联知识点
			5. 支持错题显示解析及相关知识点，并支持点击跳转知识点学习页面进行自适应学习
		作业管理	支持添加题目时打上知识点标签，支持从题库按知识点抽题，支持创建带有知识点的作业发放给学生作答
		考试管理	支持手动组建考试试卷和智能组卷两种模式。两种模式均可按知识点抽题，组建带有知识点的试卷发放给学生考试
		学生端知识点学习	1. 支持学生查看知识图谱，并可查看每个知识点的学习进度情况
			2. 支持学生按知识点进行课程任务学习、观看课程视频、阅读课程资料等
			3. 支持学生提交作业、考试，查看自己作答作业、考试题目的知识点掌握情况，并可查看知识点推荐资源，巩固学习
			4. 支持学生按知识点从题库或错题本抽题，逐题自测

序号	应用软件名称	模块名称	功 能 描 述
3	知识图谱统计与分析	教师端知识图谱统计	1. 支持教师查看班级整体知识点分析统计，查看知识点平均完成率、平均掌握率、完成率分布和掌握率分布等，支持查阅课程思政达成度水平
			2. 支持按知识点查看每个知识点的关联学习资源数、平均完成率、平均掌握率、课程资料数、课程资料人均阅读情况等
			3. 支持查看单个知识点的班级统计分析详情和推荐资源，包括此知识点的平均完成率、最高掌握率、最低掌握率、平均掌握率，了解每个学生单个知识点完成情况和掌握情况，单个知识点的每个教学任务的平均完成情况、掌握情况等，以及查看单个知识点的课程资源和系统推荐的拓展资源，支持教师添加拓展资源到课程，方便教师共享给学生阅读观看
			4. 支持查看班级中每个学生的知识点平均完成情况、平均掌握情况、课程资料阅读情况等
			5. 支持查看某一位学生每个知识点的详情统计，包括每个知识点的完成情况、掌握情况、课程资料阅读情况等
			6. 支持查看某一位学生某个知识点的统计详情，包括学生此知识点的完成情况、掌握情况、知识点关联的学习任务完成详情等，以及查看此知识点的课程资源和系统推荐的拓展资源
		学生端知识图谱统计	1. 支持学生查看本人知识点统计分析，包括每个知识点的完成情况、掌握情况、课程资料阅读情况等
			2. 支持学生查看本人单个知识点的统计分析详情和推荐资源，包括此知识点的完成情况、掌握情况、知识点关联的学习任务完成详情等

续表

序号	应用软件名称	模块名称	功 能 描 述
4	知识图谱智能路径规划与资源推荐	资源推荐	1. 支持学生查看基于知识点的智能学习路径，系统根据学生知识点掌握情况，智能规划知识点学习路径，学生可以按学习路径进行知识点的学习和巩固
			2. 支持按照知识点，系统智能推荐拓展资源给学生学习
			3. 支持教师按照同一个课程思政知识点查阅课程思政图谱路径和推荐的教学设计

1.2.2 课程图谱的制作标准

　　知识图谱业务系统是学校智能教学体系的基础工程，是智能教育"知识核心"。知识图谱平台以课程为单位，提供自动或半自动地从课程的教学资源中抽取和融合课程知识点的机制和工具，为教师构建一个更高效地组织、利用教学资源并能持续更新扩展的平台，为学生提供一个更好地获取和理解课程知识的平台。

　　知识图谱系统建设方案，如图 3 所示。图中左侧表示知识图谱平台的架构，右侧表示知识图谱的组成结构。平台由数据层、模型构建层和应用层构成，知识图谱实体可以分为教学资源层、知识点层和课程层。

　　教学资源层指一门课程的教学资源，如教材、大纲、PPT、教案、课程视频等，以文本、图像、视频等结构化或非结构化形式存在。教学资源是知识图谱中数量最大的一部分，是知识图谱平台的数据来源。

　　模型构建层提供构建知识图谱的技术支撑，通过课程知识抽取、命名实体识别、实体关系识别等技术，对教学资源进行抽取，得到课程中所包

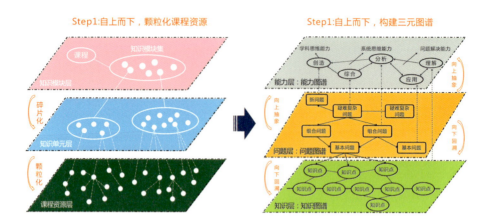

图 3 知识图谱系统建设方案

含的知识点以及知识点之间的关系，形成知识图谱的知识点层。通过知识融合，形成该课程的知识体系，将其表示成结构化形式并使用数据库存储，最终构建出该课程的知识图谱。

基于知识图谱的应用包括知识图谱的可视化展示、知识点查询、课程视频打点切分以及知识图谱的更新与扩展，为教师在整个教学环节中利用知识图谱提供技术支撑和工具支持。

1.2.2.1 知识图谱系统管理

学校建立以"课程–知识点"为体系的知识点架构，进行后台知识图谱框架管理；支持对课程类别、课程性质进行增删改查管理；支持不同专业关联不同的课程，生成学科/专业知识图谱；支持为网络课程和课程建立独立的知识图谱，便于统一管理。

支持跨课程关联功能，如图 4 所示。当课程 a 与课程 b 的知识点有交叉或有关系时，可以通过此功能建立前后置及关联关系，便于通过图谱查看相互关系以及学生跨课程学习情况，也便于后续生成专业图谱。

图 4　支持跨课程关联功能

支持对引用后台课程的知识图谱进行审核，审核通过后才允许引用，并记录引用次数；支持跨课程之间知识点进行关联，关联后可以进行专业下多门课程的知识点关联展示；支持教师调整知识点在课程空间菜单栏的显示顺序。

1.2.2.2　知识图谱构建管理

可进行知识点多层级架构建立，生成同级知识点、子级知识点、关联知识点等相关关系，如图 5 所示。

可通过手动添加、模板导入等方式手动构建知识图谱。

利用知识抽取、命名实体识别、实体关系识别等技术，构建初始的知识图谱，教师上传课程大纲、教材等，系统智能识别构建生成知识图谱，

图 5　建立知识点多层级架构

如图 6 所示。

课程和网络知识图谱可互相同步调用；支持本地导入 xmind 格式的思维导图文件，自动读取文件数据，生成知识图谱。

1.2.2.3　知识关系和标签管理

知识点之间可进行前置关系、后置关系、关联关系的设定。支持给知识点打标签，自定义标签内容，支持同一个知识点标记多个标签。

1.2.2.4　知识图谱展示

系统支持根据知识树的关联关系，自动生成知识图谱网状结构，点击对应知识点即可查看知识点的相关资源，支持按照知识点的层级和标签两个维度进行知识点的筛选查看，如图 7 所示。

图 6　课程资源与知识点关联

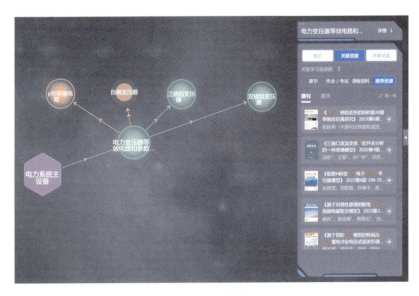

图 7　知识图谱展示

1.2.3　知识图谱课程上线标准参数表

知识图谱课程上线标准，如表 2 所示。

表 2　　　　　　　　　知识图谱课程上线标准表

建设类型	内容	课程建设要求
知识图谱建设	知识点设计	1. 知识点数量应为原章节设计的至少 2 倍（或不低于 200 个），并且知识点级别设计至少包含 3 级
		2. 知识点的设计原则上由"知识模块-知识单元-知识点"构成
		3. 知识点的命名应限制在 14 个字以内
	关系设置	1. 知识点之间应至少包含 3% 的前后置关系
		2. 知识点之间应至少包含 3% 的关联关系
		3. 允许存在跨课程的知识点关联关系
	知识点标签	1. 最低级的知识点必须包含标签，标签类型应至少包括 3 种： ①基本标签，用于标注范围：重点、考点、课程思政，或自定义 ②知识分类标签，用于标注范围：事实性知识、概念性知识、程序性知识和无认知知识 ③认知维度标签，用于标注范围：记忆、理解、应用、分析、综合和评价
		2. 在知识点上应标记"教学目标"，覆盖率应达到 80%
	资源覆盖率	1. 资源类型包括：视频、习题、课程资料、考试、作业
		2. 资源覆盖率应达到 90% 以上（统计方式按照平台标准进行）

1.3 展　望

　　教育数字化战略行动正在全球范围内推动着教育革新，教育的未来将依靠数字变革。教育部将推动教育评价的科学化和个性化，利用海量数据打造学习者画像和构建教育知识图谱，以更好地实现因材施教。

　　知识图谱将在数智教育中扮演着重要的纽带角色，通过重构、重组和关联知识点，知识图谱将优化知识传递过程，精准实现教学目标。此外，武汉大学将试点推进构建重点学科/专业图谱，为专业人才培养提供统筹规划、科学管理和顶层设计，通过学科/专业图谱，对学生的知识能力、技术能力和素质能力进行全面画像。

2. 大语言模型应用篇

2.1 背景及必要性

2.1.1 实施背景

党的二十大报告首次把教育、科技、人才"三位一体"统筹安排、一体部署，并将"推进教育数字化"写入报告，赋予了教育在全面建设社会主义现代化国家中新的使命任务，明确了教育数字化未来发展的行动纲要。

加快建设教育强国，推进教育数字化是必由之路。习近平总书记在中央学习会议中明确指出，教育数字化是教育发展弯道超车的重要突破口。习近平总书记的重要论述，深刻揭示了教育数字化的关键作用，为我们把握新一轮科技革命和产业变革深入发展的机遇、建设教育强国指明了方向和路径。

数字经济正在全球范围内蓬勃兴起，为经济社会发展注入了新动能；在这一形势下，把握数字时代发展新趋势，就显得至关重要。2023 年 9 月 4 日，"2023 中国国际智能产业博览会"在重庆市开幕。习近平总书记在贺信中指出："当前，互联网、大数据、云计算、人工智能、区块链等新技术深刻演变，产业数字化、智能化、绿色化转型不断加速，智能产业、数字经济蓬勃发展，极大改变全球要素资源配置方式、产业发展模式和人民生活方式。"

在近年的发展浪潮中，大语言模型技术的兴起已经深刻重塑了全球对于人工智能的认知、理解和预期。这一变革潮流带动了不同行业对于人工智能解决方案的广泛需求。与此同时，从政府管理层面到科学研究层面，对于人工智能应用价值与潜力给予了前所未有的关注。

2.1.2 实施必要性

2.1.2.1 教育数字化是重要的国家战略目标

当今世界正处于科技飞速发展的时代，互联网、云计算、大数据等创新技术正在不断重塑我们的思维方式、生产活动、日常生活乃至学习模式。面对信息技术的蓬勃发展，全球各国正共同步入一场关键的教育改革和创新浪潮。为了应对这场变革，我们必须站在战略的高度，深刻洞察教育数字化的深远意义。

要建设教育强国，首先必须认识到教育的根本性作用：教育兴则国家兴，教育强则国家强。党的二十大把"建成教育强国"列为2035年我国发展的宏伟目标之一；在"2024世界数字教育大会"上，教育部部长怀进鹏再次强调了以服务人的全面发展为目标，即将实施人工智能赋能行动，积极推动"以智助学、以智助教、以智助管、以智助研"，强调通过开发智能学伴、智能助教，借助模拟计算、数据挖掘等手段，构建数据驱动的研究新范式。推进国家教育数字化，大语言模型技术、"生成式"人工智能技术和GPT应用等新兴技术密不可分。以人工智能赋能教育数字化，有利于各级各类教育高质量发展，推动教育强国建设提速增效。

2.1.2.2 人工智能是教育发展的新驱动

随着新时代到来，我们迎来了教育发展新的征程，教育数字化正逐渐成为教育发展的新驱动力。它不仅是一种技术变革，更是一种教育理念与

LLM 的特点是规模庞大，包含上千亿的参数，这种模型可以捕获语言的复杂模式，包括句法、语义和一些上下文信息，从而生成连贯、有意义的文本。GPT 的全称是"Generative Pre-Trained Transformer"，是一种基于深度学习的自然语言处理技术，是 LLM 的一种应用形态。GPT 主要有以下三大技术场景：

新闻自动编写：GPT 可以从大量新闻中学习并理解新闻的特征，生成新的新闻稿。

智能对话：GPT 可以作为预训练模型，用于生成符合人类语言规则的对话语句。

机器翻译：GPT 同样可以用于翻译，帮助计算机理解和生成跨语言文本。

此外，GPT 模型在使用时相对简单，用户只需在指定的平台上使用预训练好的模型即可。如果需要更具高度的定制和训练，可以使用深度学习框架如 TensorFlow 等进行模型搭建和训练。

ChatGPT 全名"Chat Generative Pre-trained Transformer"，是 OpenAI 公司研发的一款聊天机器人程序，于 2022 年 11 月 30 日发布，2023 年 3 月 14 日该公司发布了最新的 ChatGPT4.0。ChatGPT 在多个领域都有广泛的应用，无论是在客服领域中提供及时的人机交互，还是在教育领域中提供个性化的学习指导，它都能够为用户提供高质量的智能对话体验。

ChatGPT 的优势在于其深度学习模型的能力和数据驱动的训练机制。它通过对大量的语料进行训练，从中学习到丰富的知识和语言模式，从而能够以拟人化的方式进行对话。无论是回答问题，还是提供建议，ChatGPT 都能够给出有逻辑、有条理的回复。

ChatGPT 还具备可定制化的能力，用户可以通过对模型进行微调，使其更好地适应特定领域或任务的需求，从而提供更加个性化的服务和解决方案。

2.2.2 开源大语言模型简介

2.2.2.1 LlaMA

LlaMA 是 Meta 公司（原名 Facebook）研发的大语言模型，于 2023 年 7 月发布。LlaMA 和 ChatGPT 一样都是基于 Transformer 架构开发的先进智能对话模型。它旨在为用户提供高质量的智能对话体验，并在多个领域具有广泛的应用。LlaMA 是一种自然语言处理和生成能力强大的智能对话模型，能够理解人类的语言输入并生成富有逻辑和上下文的回复。它基于 GPT 4.0 架构开发，具备强大的自然语言处理和生成能力，能够处理各种语言和情境。

访问网址：https://ai.meta.com/llama。

2.2.2.2 ChatGLM

ChatGLM 是一种基于生成式大型语言模型（LLM）技术的智能对话系统，是智谱 AI 公司的产品。公司成立于 2019 年，由清华大学知识工程实验室（KEG）技术成果转化而来，是目前国内唯一全内资、全自研的大模型企业，早在 2020 年就开始了 GLM 预训练架构的研发，并训练了 100 亿参数模型 GLM-10B；2022 年公布了 1300 亿级超大规模预训练通用模型 GLM-130B。它利用大规模无监督学习算法，通过从大量的文本数据中学习语言规律和知识，生成高质量的自然语言回复。它适用于各种对话场景，如客服、智能助手、问答系统等。

访问网址：https://chatglm.cn。

2.2.2.3 Mistral

Mistral 来自法国人工智能创业公司（Mistral AI），公司于 2023 年 6 月成立，Mistral AI 的部分成员来自前 Meta 和 DeepMind 的研究员，公司有着行业内顶尖的技术实力，Mistral AI 最大的特点是产品非常透明和开放，其友好的开源协议和透明的技术分享让很多人称赞。

访问网址：https://mistral.ai。

2.2.2.4 Gemma

Gemma 是谷歌公司研发的人工智能工具，于 2024 年 2 月 21 日发布。它能帮助用户更高效地处理各种任务和问题。Gemma 通过使用先进的人工智能技术自动地分析数据、识别模式、预测趋势并提供相关的建议和解决方案。Gemma 分为 2B（20 亿参数）和 7B（70 亿）两种版本，2B 版本甚至可直接在笔记本电脑上运行。Gemma 主打轻量级、高性能，甚至可以在物联网设备、移动设备和云端等不同平台运行。

访问网址：https://ai.google.dev/gemma。

2.2.3 闭源大语言模型简介

2.2.3.1 讯飞星火

讯飞星火认知大模型是科大讯飞公司的大规模语言模型。该模型具有 7 大核心能力，即文本生成、语言理解、知识问答、逻辑推理、数学能力、代码能力、多模交互。在文本生成方面，它可以根据用户输入的主题或关键词生成符合要求的文章或段落；在翻译方面，讯飞星火 App 支持 9 种语言文本、语音和图片翻译，完全可以满足用户的日常需求；在摘要方面，它能够自动对文章进行关键内容提取，帮助用户快速获取文章的核心内容。

访问网址：https://xinghuo.xfyun.cn。

2.2.3.2 通义千问

通义千问是阿里巴巴公司的大规模的语言模型，有着强大的语言理解能力、丰富的知识库，可适用于各种领域，例如自然语言处理、机器翻译、问答系统等，这些应用场景都需要强大的语言理解和生成能力。其功能包括多轮对话、文案创作、逻辑推理、多模态理解、多语言支持，能够跟人类进行多轮的交互，也融入了多模态的知识理解，且有文案创作能力，能够续写小说、编写邮件等。

访问网址：https://tongyi.aliyun.com。

2.2.3.3 文心一言

文心一言（英文名：ERNIE Bot）是百度公司的全新一代知识增强大语言模型，在 2023 年 10 月 17 日百度世界大会上，文心大模型 4.0 正式发布。文心一言能够与人对话互动、回答问题、协助创作，高效便捷地帮助人们获取信息、知识和灵感。文心一言从数万亿数据和数千亿知识中融合学习，得到预训练大模型，在此基础上采用有监督精调、人类反馈强化学习、提示等技术，具备知识增强、检索增强和对话增强的技术优势。

访问网址：https://yiyan.baidu.com。

2.2.3.4　腾讯混元

腾讯混元大模型是由腾讯研发的大语言模型，具备跨领域知识和自然语言理解能力，实现基于人机自然语言对话的方式，理解用户指令并执行任务。拥有超千亿参数规模，预训练语料超 2 万亿 tokens，具备强大的中文创作能力、复杂语境下的逻辑推理能力以及可靠的任务执行能力。腾讯混元大模型可以应用到各个行业并产生实际作用，比如腾讯会议基于混元大模型打造了 AI 小助手，只需要简单的自然语言指令，就能完成会议信息提取、内容分析等复杂任务，会后还能智能生成总结纪要。在文档处理方面，腾讯混元大模型支持数十种文本创作场景，在腾讯文档推出的智能助手功能中已有应用。

访问网址：https://hunyuan.tencent.com。

2.3　人工智能生成概述

人工智能生成（AIGC，AI Generative Content）是一种新兴技术，人工智能模型根据给定的条件，可以自动生成各种类型的文本、图像、音频、视频等内容。这种技术可以应用于多个领域，包括但不限于媒体、教育、娱乐、营销和科学研究领域，为用户提供高效、高质量和具有个性化的内容服务。AIGC 主要有以下四大技术场景：

文本生成：使用 AIGC 技术，可快速生成文章、新闻报道、博客、广告文案和创意写作等内容，为撰稿人、编辑和营销人员提供高效的创作方式，帮助他们快速生成初稿、提升工作效率。

图片生成：AIGC 技术可广泛应用于图像和艺术作品的自动生成。通过深度学习算法，该技术能够根据用户输入的关键词和样式指南，自动生成具有艺术美感的图像和创意作品。这种自动化生成技术可以提高设计师和艺术家的生产力，为他们带来更多的创作灵感。

音频生成：AIGC 技术可用于生成多种音频内容，例如手机导航语音、文案朗读、虚拟人语音等。通过自动化生成技术，AIGC 技术可以提供高效的音频制作方式，为用户节省时间和人力成本。同时，AIGC 技术还支持自定义音频风格和音色，以适应不同的场景和用户需求。这种音频生成技术将在未来的智能音频系统和虚拟人、机器人中得到广泛应用。

视频生成：AIGC 技术是一种高效的视频内容生成工具，其应用范围包括短视频、动画、电影预告等。该技术可以通过自动化处理来加速视频创作的过程，同时保持较高的创作质量。此外，AIGC 技术还支持自动生成字幕和视频描述，以及自动化的视频剪辑和渲染，大大提高了视频制作的效率和质量。这种视频生成技术可以帮助创作者更加专注于创意和艺术性，从而实现更好的视觉传达效果。

AIGC 和 GPT 的区别也显而易见，AIGC 代表生成式人工智能，可以生成具有一定逻辑性和创造性的内容，如文本、图像、音频、视频等内容；而 GPT 是 LLM 的一种应用场景，聚焦在对话生成技术，用于模拟人类对话和生成对话回复。

2.3.1　文本生成

从内容生产的历史来看，在 PGC 时代，内容生产被专业的媒体机构或个人主导，其生产的内容具有较高的质量和权威性，但也需要付出较高的成本和时间；在 UGC 时代，普通用户成为重要的内容生产主体，大量的用户参与内容生产环节，通过互联网平台创作和分享内容，大大释放了内容生产力，但也带来了虚假新闻、新闻职业边界消融等问题。两个时代的演变与更迭都是基于技术所引发的内容生产主体的变化，而生产主体的变化最终带动的是内容生产的全局变化。

AIGC 与 PGC、UGC 的演变逻辑相同，也是一次由技术所引起的内容生产主体的变化，但和以往 PGC、UGC 不同的是，这次的主体变化是从人到非人的转变，技术或者说机器人成为自觉的内容生产与创作主体。

以技术为主体的内容生产，在效率上有了很大的提升。AI 是大数据、互联网、自然语言处理等技术的复合体，具备超越人类的整合能力，能在短时间内完成大量信息的搜集、整合、翻译、分析与生成，大大提升了内容的产量与速度，降低了知识生产的边际成本。AI 在各个环节中颠覆了行业变革，具体体现在以下几个方面：

AI 选题与热点追踪：AI 能够获取实时信息，归纳提炼所需的选题。并且，其还可以进一步分析，快速生成文章框架，给新闻工作者提供借鉴。

AI 写作：AI 也能通过问答对话的形式，快速帮助新闻工作者补充相关的背景信息、数据资料，增强观点的可靠性与信息的确定性，并带动文章深度的拓展。

AI 文章改写：AI 也能对初稿加以润色，并提供修改意见。此外，得益于深度学习模型的发展，AI 也具有了风格化的表达，能生成诸多类型的标题以供参考，甚至是进行独立创作。

而 AIGC 最明显的革新还是在新闻内容的表现形式上，尤其是在视觉内容的表现上。2023 年 8 月，新华社音视频部成立了 AIGC 应用创新工作室，打造"AIGC 说真相"（AI Footage）栏目。目前，"AIGC 说真相"已发布多篇创意短视频，被百余家媒体采用，新华社客户端浏览量超 600 万次，海外社交媒体 Facebook 浏览量单片超过 2 万次。

除了 AIGC 生成动态视频，AI 的视觉技术也带来了新闻报道的创新。AI

的视觉生成能力可以创造出传统新闻无法实现的效果，例如虚拟现实（VR）新闻、增强现实（AR）新闻等，为新闻生产提供更多的创新可能。

2.3.2 图片生成

2.3.2.1 Midjourney

Midjourney 是美国 Midjourney 公司的 AI 图像生成服务产品，是一款具有代表性的"文生图"AI 工具，它可以根据用户的文字提示生成华丽的视觉效果。其技术优势在于深度学习模型，能够自动生成图像、视频和其他多媒体内容，为各种创意工作提供极大的便利性。通过文字描述或关键词，用户可以轻松地使用 Midjourney 生成各种艺术作品，无须任何专业的技术知识或特定的软件技能。无论用户是初学者还是专业人士，Midjourney 都能帮助他们快速、高效地表达自己的创意和想法。这款工具不仅适用于初学者，也为专业人士提供了无限的创作可能性。

访问地址：https://www.midjourney.com。

2.3.2.2 Stable Diffusion

Stable Diffusion 是 CompVis、Stability AI 和 LAION 等公司研发的一个基于扩散过程的图像生成开源模型，不仅能够从文本描述中生成详细的图像，还可以用于图像修复、图像绘制、文本到图像和图像到图像等任务。在第三方插件和模型的加持下，Stable Diffusion 的个性化功能更加丰富，在经过使用者调教后能够精细地控制画作的生成过程，可以生成更贴近需求的图片。

访问地址：https://github.com/AUTOMATIC1111/stable-diffusion-webui。

2.3.2.3　DALL · E

DALL · E 是 OpenAI 公司发布的一个用文本生成图像的模型，它是 GPT-3 的一个版本，经过文本-图像数据集训练，具有 120 亿参数，可以从文本描述生成图像。DALL · E 的使用门槛非常低，因为与人工智能模型 ChatGPT 的无缝集成，所以无论用户是有模糊的想法还是详细的愿景，只需要简单的描述，ChatGPT 就可以生成量身定制的详细提示，然后生成一幅画。DALL · E 能够从不相关的想法中获得灵感，以合理的方式组合不相关的概念，同时尊重被设计事物的形式，理想地产生一个看起来实用的东西，确保充分激发用户的想象力。

访问地址：https://openai.com/dall-e-3。

2.3.3　音频生成

2.3.3.1　腾讯云语音合成

腾讯云语音合成（Text To Speech，TTS）提供多场景、多语言的音色选择，支持 SSML 标记语言，支持自定义音量、语速等参数，让发音更专业、更符合场景需求。语音合成支持长文本语音合成、实时语音合成、基础语音合成三种合成方式。长文本语音合成与基础语音合成为非流式，整个文本合成语音后再下发，长文本语音合成可以一次性合成较长文本，适合阅读播报、新闻媒体等场景。流式语音合成（实时语音合成）为一边合成声音，一边下发声音，适合语音机器人等实时性要求较高的场景。广泛适用于智能客服、有声阅读、新闻播报、人机交互等业务场景，提升人机交互体验，提高语音类应用构建效率。

访问地址：https://cloud.tencent.com/product/tts。

2.3.3.2 Eleven Labs

Eleven Labs 使用文本到语音转换算法，创建类似于人类语音的自然声音。人工智能在大量音频数据上进行了训练，以创建来自不同语言和口音的各种声音。凭借其类似人类的声音，Eleven Labs 在音频发生器行业中脱颖而出。

Eleven Labs 使用的技术基于 Google 开发的名为 WaveNet 的深度学习算法。该技术使用原始音频样本生成类似于人类语音的高质量音频输出。凭借其先进的算法，Eleven Labs 可以在没有人为干预的情况下生成画外音、旁白甚至整本书。

访问地址：https://beta.elevenlabs.io。

2.3.4 视频生成

2.3.4.1 剪映

剪映是字节跳动公司设计研发的一款多功能视频编辑软件。它提供了视频剪辑、特效添加、音乐匹配等多种功能，使用户能够轻松制作出精美的视频内容。剪映 AI 工具集成在剪映软件中，是一款用人工智能技术衍生的视频生成工具，它能根据用户的文字描述或关键词，自动生成高质量的视频内容。这款工具具有强大的深度学习模型，能够自动识别并生成各种类型的视频，包括风景、人物、动画、特效等。并且无须任何专业的技术知识或特定的软件技能，便可以轻松地使用这款工具来表达用户的创意和想法。此外，剪映 AI 还提供了色彩、亮度、速度等参数，以满足用户的个性化需求。

下载地址：https://www.capcut.cn。

2.3.4.2 Runway

Runway 是美国的一家人工智能研究公司，成立于 2018 年，公司致力于推动艺术、娱乐和人类创造力。作为全球 AI 视频制作前沿模型，目前拥有 30 多个 AI 应用工具，包括视频抠图换背景、自动跟踪物体、智能字幕、智能音频节拍检测、消除噪音、在线协作编辑、文生图像、文生视频、图生视频，等等。Runway Gen-2 目前支持三种生成视频的方式：文生视频、图生视频和图加文字描述生成视频。另外，Runway 还提供数百种效果、滤镜和 LUT 等视频模板，帮助新手用户轻松做出专业级的视频剪辑。

访问地址：https://runwayml.com/。

2.3.4.3 Sora

Sora 是由 OpenAI 发布的人工智能文生视频大模型，其背后的技术是在 OpenAI 的文本到图像生成模型 DALL·E 基础上开发而成的。Sora 继承了 DALL·E 3 的画质和遵循指令能力，能理解用户在提示中提出的要求，因此，Sora 可以根据用户非常简单的文本提示生成长达 60 秒钟的视频，包括多个角色、特定类型动作和主题背景且能实现单视频的多角度镜头切换；还可以在单个生成的视频中创建多个镜头，模拟复杂的摄像机运镜，同时准确地保持角色和视觉风格；能够理解物体在现实世界中的物理规律和存在方式，能最大限度地还原现实世界的真实场景。

访问地址：https://openai.com/sora。

2.3.5 PPT 生成

2.3.5.1 WPS AI

WPS AI 是金山公司的大语言模型，生成式人工智能应用，嵌入在 WPS 办公软件中使用。WPS AI 生成的内容可以直接嵌入文档正文，并能按照当前文档所能支持的格式进行实时渲染，同时也支持多轮对话，通过多次、连续自然语言的输入控制内容的生成，进一步提高创作效率。WPS AI 提供文本和幻灯片的起草、改写、总结、润色、翻译、续写等功能，覆盖了用户大部分使用场景，例如针对用户输入的文字需求，可帮助用户生成工作总结、广告文案、社媒推文、文章大纲、招聘文案、待办事项、创意故事、旅行游记等。

下载地址：https://www.wps.cn。

2.3.5.2 百度文库 AI

百度文库 AI 是基于百度公司的百度文库衍生出的一套人工智能产品，百度文库 AI 提供了多种文案自动编写和 PPT 生成。设计初衷是为了帮助用户节省时间并提高效率的先进 PPT 自动生成工具。它能够根据用户提供的信息，自动生成高质量的 PPT 内容，并提供多种风格和主题的模板，用户可以根据需要进行字体、颜色、布局等自定义调整，并快速分享生成的 PPT 文件。

访问地址：https://wenku.baidu.com/ndPcLaunchView/browse/genppt。

2.3.5.3 Gamma

Gamma 是一款国外研发的全球化的生成式 PPT 的人工智能工具，能够帮助用户快速创建和生成 PPT。Gamma 具有直观的用户界面和简洁的操作流程，内置了多种幻灯片模板和设计风格。Gamma 可以根据用户提供的内容，自动生成幻灯片的标题、文字、图片和图表等元素，大大节省了用户的时间和精力，Gamma 可以在多种操作系统和设备上使用，包括 Windows、Mac、iOS 和 Android 等，用户可以随时随地创建和编辑 PPT。

访问地址：https://gamma.app。

2.4 大语言模型应用案例

2.4.1 教案及讲义文本生成

2.4.1.1 教案文本生成案例

以大学"Python 程序设计"这门课程为例，使用文心一言大语言模型设计教案。使用大语言模型时要注意提问技巧，即"背景信息""定义角色""任务目标""输出要求"。

如果对输出内容不满意，可以追问并提出其他要求，ChatGPT 会根据上下文信息持续改进。案例 1 如下：

向 ChatGPT 提出问题：

你的角色是一名大学教授，有着丰富的教学经验，帮我写一篇高等教育面向研究生的"Python 高级语言设计与实战"课程教案，其中的网络爬虫知识单教案由于学生在本科阶段已经有 Python 编程基础，所以请多给我一些网络爬虫的技术原理，我的具体要求如下：

1. 时长为 4 个课时，要分开设计。

2. 知识点引入，加入国内真实的项目场景。

3. 帮我准备两段代码，一段是基本应用，一段是爬取 CSDN 站点 https://blog.csdn.net/nav/python 的核心代码案例。

通过 ChatGPT 的文本生成结果：

"Python 高级语言设计与实战"网络爬虫模块教案

课时 1：网络爬虫基础与 HTTP 协议

知识点引入：

引入电商网站价格监测系统的案例，讲解如何使用网络爬虫监测价格变动。

主要内容：

- HTTP 请求/响应模型
- 常见 HTTP 方法：GET 和 POST
- HTTP 状态码概念
- Python requests 库的基本使用

代码示例：使用 requests 库发送 GET 请求，获取网页内容

```
import requests
# 向目标网站发送 GRT 请求
```

```
response = requests. Get('http://example.com')
```

输出响应的状态码

```
print (response. status_code)
```

输出网页内容

```
print(response.text)
```

课时 2：数据提取——HTML 解析与 XPath

知识点引入：

以国内旅游网站的评论数据提取为例，讲解如何提取有价值的数据。

主要内容：

· HTML 结构和标签

· XPath 语法及表达式

· Python lxml 库的使用

代码示例：使用 lxml 和 XPath 提取 HTML 中的特定数据。

```
from lxml import etree

html = '''
<html>
    <body>
        <div>
            <a href="http://example.com/1">First item</a>
            <a href="http://example.com/2">Second item</a>
        </div>
    </body>
</html>
```

...

构建 XPath 解析对象

```
page = etree.HTML(html)
```

使用 XPath 获取链接

```
links = page. xpath('//a/@ href')

print(links)
```

课时 3：动态内容抓取与 JavaScript 逆向工程

知识点引入：

通过国内股票信息的实时更新系统，解释动态网站的工作原理及数据抓取方法。

主要内容：

- 动态网站与 Ajax
- 浏览器开发者工具的使用
- 分析 Ajax 请求和响应
- Python selenium 库的基本使用

代码示例：使用 selenium 模拟浏览器行为，抓取 JavaScript 生成的动态内容。

```
from selenium import webdriver
```

启动 chrome 浏览器

```
browser = webdriver.Chrome()
```

打开目标网页

```
browser. get('http://example. com')
```

#获取动态加载的数据

```
dynamic data = browser.find element by id('dynamic-data')

print(dynamic_data.text)
```

关闭浏览器

```
browser.quit()
```

课时 4：实战演练——爬取 CSDN Python 相关博文

知识点引入：

结合 CSDN 网站的博文数据爬取，实战讲解网络爬虫的综合应用。

主要内容：

- 网站分析与爬虫策略制定
- 遵守 Robots 协议
- 异常处理和爬虫伪装技巧
- 数据存储

核心代码案例：

```
import requests

from lxml import etree
```

CSDN Python 板块 URL

```
url = 'https://blog.csdn.net/nav/python'
```

发送请求获取 HTML 内容

```
response = requests.get(url)

response.encoding = 'utf-8'
```

解析 HTML 内容

```
page = etree.HTML(response.text)
```

提取博文标题和链接

```
titles = page.xpath('//h2[@class="title"]/a/text()')

links = page.xpath('//h2[@class="title"]/a/@href')

# 打印标题和链接

for title, link in zip(titles, links):

    print(title, link)
```

每个课时的设计都是为了逐步提升学生对网络爬虫技术的理解，从基本的 HTTP 请求到动态内容抓取，再到实际的应用场景，这样既保证了理论与实践的结合，也充分利用了学生的 Python 基础，让他们能够在真实世界中运用爬虫技术。每个课时结束后，我会布置相关的实践作业，确保学生可以通过动手实践来巩固和加深理解。

根据案例 1 中生成的内容，提出新的要求，例如："帮我在教案中加入生活案例，作为引入，最好结合电影桥段，增加趣味性。"通过 ChatGPT 重新生成的文本结果如下：

课时 1：网络爬虫基础与 HTTP 协议

案例引入：

想象一下，在电影《社交网络》中，扎克伯格在宿舍里创建了一款叫作 Facemash 的网站，他通过爬取校园网内的女生照片进行在线对比。现在，我们将模拟一种相对道德的情境：假设你是一个数据分析师，你的任务是从电影评论网站抓取最新的电影评分和评论，为电影产业的市场研究提供数据支持。

主要内容：

· HTTP 请求/响应模型解读与应用。

· Python requests 库实战发送请求，接收响应。

课时 2：数据提取——HTML 解析与 XPath

案例引入：

想象电影《黑客帝国》中，尼奥在不断地学习和探索真实世界与虚拟世界的关系。在这个课时，我们将像尼奥一样探索 HTML 的世界，使用 XPath 作为"解码器"来提取我们需要的数据。

主要内容：

· 电影《黑客帝国》中虚拟世界与 HTML 结构的对比。

· XPath 作为提取信息的工具，对 HTML 进行"解码"。

课时 3：动态内容抓取与 JavaScript 逆向工程

案例引入：

在电影《盗梦空间》中，梦境的构建和变化让人着迷。对于网络爬虫来说，动态内容就像是不断变化的梦境。我们将学习如何使用工具进入这层"梦境"，抓取由 JavaScript 动态生成的内容。

主要内容：

· 类比电影《盗梦空间》的梦境与动态网页。

· selenium 库的使用，模拟浏览器行为，获取动态数据。

课时 4：实战演练——爬取 CSDN Python 相关博文

案例引入：

在电影《我，机器人》中，主角通过理解机器人的逻辑和规则来解决问题。类似地，我们将学习如何通过分析和理解 CSDN 网站的结构，来编写爬虫规则，并且实战爬取 Pvthon 相关的博文数据。

主要内容：

- 电影中探索机器规则的情景与爬虫策略的制定。
- 遵守 Robots 协议，尊重目标网站的规则，合法爬取数据。

2.4.1.2　讲义文本生成案例

使用 GPT 对程序升级类课程进行提问，例如："哪部电影跟编程语言中的 for 循环知识点最为相近，帮我列举 5 个，按相近顺序依次排列"，ChatGPT 文本生成结果如下：

编程概念与电影情节之间的相似性一般是抽象的和隐喻的，这里提供一些电影桥段，它们反映了 for 循环的一些核心概念，即重复、迭代和按照特定规则的执行：

1. 《源代码》——在这部电影中，主角重复经历同一个时间段的事件，直到达成目标，这与 for 循环的基本原理即重复执行一段代码直到满足特定条件非常相似。

2. 《边境景手》——电影的主角在一个自包含的循环中行使他的日常职责，类似于 for 循环在代码中的使用，执行重复的任务。

3. 《50 次初吻》——女主角每天醒来都失去了前一天的记忆，男主角每天都要想办法让女主角再次爱上他，这种重复的过程可以类比于 for 循环中的迭代过程。

4. 《盗梦空间》——电影中的角色在梦境中创建不同层级的梦，在每一层梦境中，他们会执行特定的行动直到完成任务，这种层层迭代的概念与嵌套的 for 循环相似。

5.《哈利波特与密室》——哈利波特在寻找密室的过程中，他需要重复通过不同的线索和任务来接近真相，这与通过 for 循环遍历数组或集合来查找元素的过程有共通之处。

每个例子都以某种方式展示了 for 循环的基本特征：重复执行、按照规则操作以及在达到某个终止条件前迭代过程的继续。通过这些电影的桥段，学生可能会更加直观地理解 for 循环的概念，并能够在编程实践中更有效地应用它们。

根据文本生成结果，再次提问"帮我结合《源代码》这部电影，结合'C 语言程序设计'中 for 循环知识点，写一篇讲义"，要求 ChatGPT 帮我们编写一篇讲义，ChatGPT 文本生成结果如下：

讲义标题："C 语言程序设计"——通过《源代码》理解 for 循环

引言：

尊敬的学生们，今天我们将通过电影《源代码》来探索 C 语言中一个极其重要的概念——for 循环。正如《源代码》的主人公科尔特·史蒂文斯所体验的那样，for 循环允许我们重复执行代码块，直到某个条件得到满足。在这节课上，我们将解开 for 循环的奥秘，并学习如何在我们的程序中高效地利用它。

电影桥段与 for 循环的关联：

在《源代码》中，科尔特·史蒂文斯在一个封闭的时间循环里，反复经历火车上的最后 8 分钟，直到找出炸弹的位置。这个重复的过程可以被视作真实生活中的 for 循环实例,其中"找出炸弹的位置"是循环的目的,而"每次经历的 8 分钟"则相当于循环的每次迭代。

for 循环的定义:

在 C 语言中,for 循环是一个控制流语句,允许代码重复执行,直到一个条件不再满足。for 循环的一般形式是:

for(初始化表达式; 循环条件; 更新表达式){

    // 循环体

}

for 循环的组成部分解释:

- 初始化表达式:设置循环计数器的初始值。
- 循环条件:每次循环开始前都会检查这个条件;只有条件为真,循环才会执行。
- 更新表达式:在每次循环体执行后更新循环计数器。
- 循环体:这是要重复执行的代码块。

电影情节中的 for 循环解析:

```
for (int attempt = 1; attempt <= MAX_ATTEMPTS; ++attempt) {
    locateBomb();
    if (bombIsFound()) {
        disarmBomb();
        break;
    }
}
```

在这个虚构的代码片段中,attempt 变量被初始化为 1,并且会在达到 MAX

ATTEMPTS（类比于电影中的时间循环数）之前增加。每次循环，locateBomb 函数被调用以模拟寻找炸弹的过程。如果 bombIsFound 返回真（即炸弹被找到），则执行 disarmBomb（拆除炸弹），并通过 break 语句跳出循环。

实际编程案例：

```c
#include <stdio.h>
int main() {
    for (int i = 0; i< 10; i++) {
        (printf("循环次数: % d \n",i+1));
    }
    return 0;
}
```

在这个简单的 C 语言程序中，我们创建了一个循环，它会打印出从 1 到 10 的数字。每次迭代，i 都会增加 1，直到达到 10 为止。

结语：

如同《源代码》中的主角通过不断尝试学习到新的信息一样，for 循环允许我们在 C 语言中执行重复任务，直到达成我们的目标。理解和掌握 for 循环对于我们进行高效编程至关重要。现在，让我们跳入 C 语言的循环中，开始我们的编程之旅吧!

作业：

·观看电影《源代码》，思考电影中的时间循环与 for 循环的相似之处。

·尝试编写一个 for 循环，模拟一个简单的问题解决过程，例如一个猜数字游戏的重复猜测过程。

·反思 for 循环如何帮助我们提高编程效率，减少代码的重复性工作。

2.4.2 珞珈在线题库生成

武汉大学于 2017 年部署建立珞珈在线网络教学平台，校内师生可以依托该平台开展 MOOC 学习、课堂翻转等混合式教学模式实践。同时，借助学习通移动交互平台，教师可实现课堂签到、发布测试、随机点名等多种实时交互功能，学生可在移动端完成课程学习、参与课堂互动。2022 年，珞珈在线网络教学平台、学习通移动交互平台与本科教务系统实现互联互通，本科教务系统中的课程信息、教师信息、学生信息等选课数据可实时同步至珞珈在线网络教学平台和学习通移动交互平台。

随着混合式教学模式的不断推进，教学资源不断更新的压力越来越大。其中 MOOC 视频、教学 PPT、测试题库等教学资源的每一次更新，对课程负责人都是巨大的挑战。用什么方法或者工具可以帮助课程负责人始终保持教学资源的更新频率？答案是：大语言模型。

大语言模型可以快速协助教师更新教学资源。下面以 ChatGPT4.0 为例，展示如何应用大语言模型工具，为珞珈在线网络教学平台上的 SPOC 课程批量生成测试题库。

珞珈在线网络教学平台支持批量导入 EXCEL 格式的题库，EXCEL 表格有 12 列，分别是：第 1 列：目录，第 2 列：题型，第 3 列：题干，第 4 列：正确答案选项，第 5 列：答案解析，第 6 列：难易度，第 7 列：知识点，第 8 列：选项数，如果选项数为 4，则第 9~12 列为：A~D 选项的具体内容，如表 3 所示。

珞珈在线网络教学平台支持批量导入 EXCEL 格式表

表 3

目录	题目类型	大题题干	正确答案	答案解析	难易度	知识点	选项数	选项 A	选项 B	选项 C	选项 D
/计算机	单选题	关于《花间集》说法错误的是	C	《花间集》题目的答案解析	中	古代文学	4	作者是赵崇祚	收录当时流行歌曲歌词	针砭时弊	内容是美女与爱情
/子文件夹/子文件夹	多选题	关于苏东坡《八声甘州·寄参寥子》说法正确的是?	BCD		中		4	儿女的柔情	长调	开阔博大	既有诗的美感,也有词的美感
/子文件夹/子文件夹	填空题	中国诗经的写作方式不包括			中		3	赋	比	兴	
	判断题	多音节是中国语言文化的特性	B		中		2	正确	错误		
	简答题	试简述三峡工程的导流方案,并给出示意图	A		难		1	备及一期工程。利用中堡岛修建一期土石围堰围护右岸			

第一步：确定需要考查的知识点，并将其作为 Prompt 输入至 ChatGPT 交互窗口。向 ChatGPT 提出问题：说说 Python 的变量命名规则。ChatGPT 文本生成结果如下：

Python 的变量命名遵循一系列规则和习惯，了解这些规则有助于编写可读性强和易于维护的代码。以下是一些基础规则：

基础规则：

1. 字母和下划线开头：变量名必须以字母（大写或小写）或下划线（'_'）开头。

2. 字母、数字、下划线组合：除了开头字符外，变量名还可以包含字母（大写或小写）、数字和下划线。

3. 区分大小写：Python 是大小写敏感的，因此'Variable'和'variable'会被认为是两个不同的变量。

4. 不能使用保留字：Python 的关键字（如'for''while''if'等）不能用作变量名。

5. 不建议使用内置函数名：虽然技术上可行，但不建议使用 Python 的内置函数名（如'list''str''set'等）作为变量名，以避免混淆。

命名习惯：

1. 驼峰式命名：用于命名类名或者某些情况下的变量名（如'MyVariable'）。

2. 下划线命名：一般的变量名、函数名和模块名使用全部小写的字母和下划线组合（如'my_variable'）。

3. 大写命名：常量通常使用全大写字母和下划线组合（如'MAX_VALUE'）。

4. 前导和尾随下划线：有特殊意义，通常用于面向对象编程。例如，以两个下划线开头和结尾的变量（'_ _variable_ _'）通常是 Python 内置的特殊名称；以单个下划线开头的变量（'variable'）通常表示"内部使用"或"非公有"。

了解并遵循这些规则和习惯可以帮助你编写更加规范和易于理解的 Python 代码。

第二步：检视 ChatGPT 生成内容的准确性。这一步非常重要，几乎所有的大语言模型都存在"幻觉"现象，即一本正经地胡说八道。如果生成的内容准确无误，则依托该内容生成相应测试题库。向 ChatGPT 提出问题：运用以上内容，出 3 道单项选择题。ChatGPT 文本生成结果如下：

当然，根据上述关于 Python 变量命名的规则和习惯，以下是 3 个单项选择题：

1. 哪个变量名是不合法的？

· A）'_variable'

· B）'variable_1'

· C）'1_variable'

· D）'Variable'

· 正确答案：C

2. 哪个变量名是 Python 的保留字？

· A）'for'

· B）'var'

· C）'Var'

· D）'_for'

· 正确答案：A

3. 在 Python 中，哪种命名方式通常用于表示常量？

- A）'CONSTANT'

- B）'Constant'

- C）'constant'

- D）'_constant'

- 正确答案：A

　　第三步：将以上网页格式的题库，整理成 6 列表格。向 ChatGPT 提出问题：将以上题目整理出表格。分成 6 列，第 1 列为题干，第 2 列为正确答案选项，第 3~6 列分别为 A~D 选项。ChatGPT 文本生成结果如下：

当然，以下是整理好的表格内容：

题干	正确答案	选项 A	选项 B	选项 C	选项 D
哪个变量名是不合法的？	C	'_variable'	'variable_1'	'1_variable'	'Variable'
哪个变量名是 Python 的保留字？	A	'for'	'var'	'Var'	'_for'
在 Python 中，哪种命名方式通常用于表示常量？	A	'CONSTANT'	'Constant'	'constant'	'_constant'

　　第四步：将表格加上前 2 列，第 1 列为目录，标明知识点位置；第 2 列为题型，示例全为单选题。得到 8 列表格。向 ChatGPT 提出问题：把上面的表格在左边加两列，第 1 列为目录，内容全部设为"/2.2 第二讲 单元

测验"；第 2 列为题型，内容全部设为"单选题"。ChatGPT 文本生成结果
如下：

当然，按照你的要求，我在左边添加了 2 列：

目录	题型	题干	正确答案	选项 A	选项 B	选项 C	选项 D
/2.2 第二讲 单元测验	单选题	哪个变量名是不合法的？	C	'_variable'	'variable_1'	'1_variable'	'Variable'
/2.2 第二讲 单元测验	单选题	哪个变量名是 Python 的保留字？	A	'for'	'var'	'Var'	'_for'
/2.2 第二讲 单元测验	单选题	在 Python 中，哪种命名方式通常用于表示常量？	A	'CONSTANT'	'Constant'	'constant'	'_constant'

第五步：在表格中间插入 4 列，分别为答案解析、难易度、知识点
和选项数，单项选择题的选项数全部设为 4，得到 12 列表格。向
ChatGPT 提出问题：在以上表格的第 4 列之后，插入 4 列。插入的第 1
列、第 2 列、第 3 列分别为"答案解析""难易度""知识点"，将内容
全部设为空。插入的第 4 列为"选项数"，将内容全部设为 4。ChatGPT

文本生成结果如下：

当然，按照你的要求，我在第 4 列之后添加了 4 列：

目录	题型	题干	正确答案	答案解析	难易度	知识点	选项数	选项 A	选项 B	选项 C	选项 D
/2.2 第二讲单元测验	单选题	哪个变量名是不合法的？	C				4	'_variable'	'variable_1'	'1_variable'	'Variable'
/2.2 第二讲单元测验	单选题	哪个变量名是 Python 的保留字？	A				4	'for'	'var'	'Var'	'_for'
/2.2 第二讲单元测验	单选题	在 Python 中，哪种命名方式通常用于表示常量？	A				4	'CONSTANT'	'Constant'	'constant'	'_constant'

第六步：请 ChatGPT 为每行生成简短的题型解析，并将结果插入表格的第 5 列。

第七步：请 ChatGPT 按"难、中、易"为每行设置难易度，并将结果插入表格的第 6 列。向 ChatGPT 提出问题：按"难""中""易"三个层次，为这道题区分难易度，并将结果填入表格的第 6 列。ChatGPT 文本生成结果如下：

当然，根据问题的复杂性和可能需要的先验知识，我为这 10 道题标注了难易度。以下是更新后的表格：

目录	题型	题干	正确答案	答案解析	难易度	知识点	选项数	选项 A	选项 B	选项 C	选项 D
/2.2 第二讲 单元测验	单选题	哪个变量名是不合法的?	C	变量名不能以数字开头	易		4	'_variable'	'variable_1'	'1_variable'	'Variable'
/2.2 第二讲 单元测验	单选题	哪个变量名是 Python 的保留字?	A	'for'是 Python 的保留字	易		4	'for'	'var'	'Var'	'_for'
/2.2 第二讲 单元测验	单选题	在 Python 中, 哪种命名方式通常用于表示常量?	A	通常使用全大写字母来表示常量	中		4	'CONSTANT'	'Constant'	'constant'	'_constant'

至此，ChatGPT 生成的题库格式，已与珞珈在线网络教学平台要求的 EXCEL 格式完全相同。请 ChatGPT 记住该表格样式，下一个知识点的测试题库不需要做以上七步，只要求 ChatGPT 按记住的表格样式输出即可。

需要特别说明的是：

（1）以上示例使用 ChatGPT4.0 完成，也可根据需要选用其他大语言模型。

（2）Prompt 提示语是与大语言模型进行交互的指令，其精准度决定了生成内容的质量。

（3）由于"幻觉"现象不可避免，每一步操作所得到的结果均应进行人工审核。

（4）相关联的操作必须在一个会话内完成，ChatGPT 只能在一个会话内理解上下文的相关性。

2.4.3 希冀平台程序题库生成

希冀平台是武汉大学计算机学院实验教学中心采购的自动评阅程序的第三方工具平台。教师通过该平台，布置程序设计作业，设置输入条件并输出结果。学生依托该平台，提交程序设计作业。平台通过虚拟编译系统运行环境，检视输入条件和输出结果的匹配度，实现自动阅览，大幅度降低教师的工作强度。

希冀平台已成功部署并运行数年，相关程序设计题已被数届学生多轮次使用，其针对性及有效性逐年下降。以 Python 程序语言为例，希冀平台现有题库存在以下问题：

（1）训练题太少，难以支撑课堂教学内容。

（2）训练题与讲授内容匹配度高的更少。希冀平台提供了近千道程序题，但要么太难，要么太简单，且与课堂讲授的知识点匹配度低，无法精准控制。

（3）第三方题库的格式不对。网络上可以找到的题库，有的是文本格式，有的是 fps/xml 格式，但文本格式的题库，复制粘贴太麻烦，很容易出错；而且 fps/xml 格式的题库，有很多也匹配不上。

大语言模型可以协助教师快速生成与讲授内容匹配的程序设计题。下面以 ChatGPT4.0 为例，展示如何应用大语言模型工具，为希冀平台生成程序设计题。

希冀平台支持批量导入的程序设计题库的格式为 fps/xml，全称为 FreeProblemSet，源自华科 HustOJ 团队，是希冀平台唯一支持的程序类作业库的导入格式。相关访问网址：https://github.com/zhblue/freeproblemset。

但 fps/xml 格式非常复杂，官方公布的 XML DTD 中，Tag 也有几十个，且没有特别清晰的解释，现阶段直接把 XML DTD 作为训练资料传递给 ChatGPT，效果不佳。在进行训练之前，有必要整理一个只包含 fps/xml 需要的最小 Tag 子集，方便 ChatGPT 理解。下面是供 ChatGPT 学习的 fps/xml 样本。

fps/xml 样本文件中的标签说明：

```
<? xml version = "1.0"encoding = "UTF-8"? >
<fps version = "1.2"url = "https://github.com/zhblue/freeproblemset/">
<generator name = "HUSTOJ"url = "https://github.com/zhblue/hustoj/"/>
<item>
    <title><! [CDATA[将字符串反向输出]]></title>
    <time limit unit = "s"> <! [CDATA[1]]> </time limit>
    <memory limit unit = "mb"> <! [CDATA[32]]> </memory limit>
    <description><! [CDATA[将输入内容逆向输出。]]></description>
    <input><! [CDATA[任意输入一行字符串,回车符结束输入]]></input>
    <output><! [CDATA[将输入的字符串反向输出。]]></output>
    <sample input> <! [CDATA[thanks]]> </sample input>
    <sample output> <! [CDATA[skSnaht]]> </sample output>
    <test_input> <! [CDATA[123]]> </test_input>
```

```
<test_output> <![CDATA[321]]> </test_output>

<test_input> <![CDATA[love]]> </test_input>

<test_output><![CDATA[evol]]> </test_output>

<source><![CDATA[liberOJ]I></source>

<solution language = "python">

    <![CDATA[txt = input() print(txt[::- 1)]]>

</solution>
```

`</item>`

`</fps>`

以下是 fps/xml 样本文件中的标签说明：

`<fps>`：项目集 (可包含多个 item)

`<item>`：一个程序项目

`<title>`：程序题目

`<time_limit>`：程序运行时长 (s)

`<memory_limit>`：程序运行所需内存 (MB)

`<description>`：程序功能描述

`<input>`：程序输入描述

`<output>`：程序输出描述

`<sample_input>`：样例输入 (学生前端可见，只允许 1 对)

`<sample_output>`：样例输出 (学生前端可见，只允许 1 对)

`<test_input>`：测试输入 (学生不可见，允许多对)

`<test_output>`：测试输出 (学生不可见，允许多对)

`<source>`：示例来源，可标注成 ChatGPT

`<solution>`：源代码

将以上 fps/xml 存为 xml 格式文档，即可导入至希冀平台。多个 fps/xml 文档，可打包成 . fpszip 批量导入。

做完以上准备工作之后，即可运用 ChatGPT 生成 fps/xml 格式的程序设计题。

第一步：为 ChatGPT 指定角色，分配任务，包括：任务简述、任务描述等内容。

建议的 Prompt 为：你是 Python 课程助教（指定角色），出一道 Python 程序设计题（任务简述），主要考查学生对列表及其相关方法的了解程度（任务描述），并以"题目/描述/程序输入/程序输出/程序源码/样例输入/样例输出"等栏目输出。

ChatGPT 文本生成结果如下：

当然可以，下面是一个 Python 程序设计题，主要考查学生对列表及其相关方法的了解：

题目：列表操作练习

描述：

编写一个 Python 程序，实现以下功能：

1. 从用户接收一系列整数，并将其存入列表中。

2. 输出列表中的最大值和最小值。

3. 输出列表中所有元素的总和。

4. 从用户接收另一个整数，并检查这个整数是否在列表中。

5. 如果该整数在列表中，则删除它；否则，将其添加到列表。

6. 输出最终的列表。

程序输入：

- 第一行：一串由空格隔开的整数。
- 第二行：一个整数。

程序输出：

- 第一行：输出列表中的最大值。
- 第二行：输出列表中的最小值。
- 第三行：输出列表中所有元素的总和。
- 第四行：如果输入的整数在列表中，则输出"整数已从列表中删除"；如果不在，则输出"整数已添加到列表中"。
- 第五行：输出最终的列表。

样例：

样例输入：

第二步：为上述程序设计题增加更多样例输入和样例输出。同时，为了避免有同学看不懂源代码，请 ChatGPT 加上必要的注释。

经过第二步之后，得到了网页版完整的程序设计用例，包括：题目/描述/程序输入/程序输出/样例输入/样例输出（一对）测试输入/测试输出（三对）/示例源代码（包含详细注释）。以下是 ChatGPT 生成的参考源代码：

```
def main():
# 使用 map 函数和 split 方法将输
nums = list(map(int,input(). split()))
# 将输入的单个整数赋值给 query
```

```
query = int(input())
# 输出列表中的最大值、最小值和总和
print(max(nums))
print(min(nums))
print(sum(nums))
# 检查 query 是否在列表中
if query in nums:
    nums.remove(query) # 如果在, 移除该整数
    print("整数已从列表中删除")
else:
    nums. append(query) # 如果不在, 添加该整数到列表末尾
    print("整数已添加到列表中")
# 输出最终的列表
print(nums)
if __ name __ = "__ main __"
    main()
```

第三步：把上述 fps/xml 格式样例作为训练资料传递给 ChatGPT，并请 ChatGPT 将上述程序题目格式化成 xml。

参考 Prompt：尝试把上述题目改成 XML 格式，我会提供一个 XML 格式的例子给你。请特别注意以下两对标签的差别：第一，对样例输入和样例输出，对应 sample_input 和 sample_output 标签。第二，对测试输入和测试输出，对应 test_input 和 test_output 标签。

以下是 ChatGPT 根据要求生成的完整 fps/xml 格式的程序设计题：

至此，ChatGPT 生成的程序设计题，已与希冀平台要求的 fps/xml 格式完成相同，将此 fps/xml 格式文档导入希冀平台即可。

ChatGPT 生成的程序设计题具有以下特点：

```
<? xml version = "1.0"encoding = "UTF-8"? >
<fps version = "1.2" url = "https://github.com/zhblue/freeproblemset/" >
    <generator name = "HUSTOJ" url = "https://github.com/zhblue/hustoj/"/>
    <item>
        <title><! [CDATA[列表操作练习]]> </title>
        <time limit unit = "s"> <! [CDATA[1]]> </time limit>
        <memory limit unit = "mb"> <! [CDATA[32]]> </memory limit>
        <description><! [CDATA[编写一个 Python 程序, 实现以下功能: …
(此处省略了题目描述内容)…]]></description>
        <input><! [CDATA[第一行: 一串由空格隔开的整数。第二行: 一个
整数。]]></input>
        <output><! [CDATA[第一行: 输出列表中的最大值。…(此处省略
了输出描述内容)…]]></output>
        <sample_input> <! [CDATA[5 6 3 9 7 6]]> </sample_input>
        <sample_output><! [CDATA[9 3 30 整数已从列表中删除[5,3, 9,
7]]]></sample_output>
        <test_input> <! [CDATA[1 2 3 4 5 3]]> </test_input>
        <test_output><! [CDATA[5 1 15 整数已从列表中删除[1,2, 4,
5]]]></test_output>
        <test_input><! [CDATA[10 20 30 40 25]]> </test_input>
```

<test_output><![CDATA[40 10 100 整数已添加到列表中[10, 20, 30, 40, 25]]]></test_output>

<test_input> <![CDATA[7 14 21 28 21]]> </test_input>

<test_output><![CDATA[28 7 70 整数已从列表中删除[7, 14, 28]]]></test_output>

<source><![CDATA[liberOJ]]></source>

<solution language = "PYTHON"> <![CDATA[def main():

使用 map 函数和 split 方法将输入的字符串转换为整数列表

nums = list(map(int, input().split()))

query = int(input())

print(max(nums))

print(min(nums))

print(sum(nums))

if query in nums:

    nums. remove(query)

    print("整数已从列表中删除")

else:

    nums. append(query)

    print("整数已添加到列表中")

    print(nums)

if __ name __ == "__ main __":

main()]]>

</solution>

<hint><![CDATA[考虑使用 Python 内置的 max(), min(), sum(),

append()和 remove()方法。]]></hint>

　　</item>

</fps>

（1）示例源代码质量非常高且代码量比较少。

（2）与需要考查的知识点高度吻合。

需要特别说明的是：

（1）以上示例使用 ChatGPT4.0 完成，也可根据需要选用其他大语言模型。

（2）Prompt 提示语是与大语言模型进行交互的指令，其精准度决定了生成内容的质量。

（3）由于"幻觉"现象不可避免，每一步操作所得到的结果均应进行人工审核。

（4）相关联的操作必须在一个会话内完成，ChatGPT 只能在一个会话内理解上下文的相关性。

2.4.4　人工智能助教

2.4.4.1　人工智能机器阅读与理解

机器阅读理解（Machine Reading Comprehension，MRC），使计算机具备能够理解和解释文本内容的能力。GPT 技术与机器阅读理解之间具有密切联系。它们共同致力于提高机器的自然语言理解与处理能力，两者只在应用场景上有所差异。

机器阅读理解技术使得计算机能够从书籍、文章、报告或其他类型的文本中提取信息，理解其含义，并对其进行分析，甚至能够回答关于文本的问题。机器阅读的关键是理解语言的语义和上下文。这涉及多种 NLP 技术，包括语言模型、实体识别、关系抽取、情感分析、摘要生成等。在教育领域，机器阅读理解技术运用在以下几个方面：

个性化学习：利用机器阅读技术，可以分析学生的学习材料和他们的互动数据（如答题、阅读时间、概念掌握程度等），从而提供个性化的学习推荐和调整教学策略。这能帮助教师针对每个学生的特定需求提供定制化的辅导。

智能辅导工具：通过机器阅读，开发智能辅导工具成为可能，它们能够理解学生在完成作业时的疑问，并提供即时的解答和解释。

内容摘要和概念图谱：对教材和学术论文进行摘要，帮助学生快速抓住重点。同时，生成概念图谱，把复杂的知识结构以直观的方式展示出来，辅助学生理解和记忆。

阅读辅助：对于阅读障碍的学生，如有阅读障碍的人士，机器阅读可以帮助他们更好地理解课文内容，比如通过提供同义词解释或上下文提示。

作业帮助：提供给学生额外的家庭作业帮助资源，机器阅读可以解答学生在家学习时遇到的问题，就像一个随时可用的在线助教。

研究和学术工作：用于帮助研究人员和学生从大量学术文献中快速提取信息，以及追踪和分析特定领域的研究趋势和进展。

知识库构建：教师和教育组织可以使用机器阅读技术构建和更新知识库，使教学资源更加丰富。

2.4.4.2 人工智能助教应用案例

课程助教可以被视为机器阅读理解能力的一个衍生应用。在这个场景中，机器阅读理解技术被用于构建可以理解学生问题和课程内容的智能系统。课程助教作为机器阅读理解技术的应用，不仅提高了教学效率，还为学生提供全天候学习资源。人工智能课程助教可以提供以下功能：

（1）回答学生提问。学生可以向课程助教提出与课程内容相关的问题，助教能够理解问题的语义并提供准确的答案或者引导学生去查阅相关的学习材料。

（2）提供即时反馈。当学生完成作业或测试时，课程助教可以自动评估学生的答案，提供即时的成绩反馈和潜在的改进建议。

（3）资源定位和推荐。根据学生的学习历程和互动情况，课程助教可以推荐额外的学习资源，如相关的阅读材料、视频讲解或练习题。

（4）学习进度跟踪。助教能够监控学生的学习进度，确保他们按时完成课程要求，并在学生落后时提供提醒和鼓励。

2.4.5 虚拟数字人

2.4.5.1 虚拟数字人应用场景案例

随着人工智能相关技术的不断进步，数字人正逐步演进成为新物种、新媒介，越来越多的虚拟数字人正在被设计、制作和运营，其应用场景得到了极大的扩展，应用价值正逐步被发掘。

从技术层面来看，数字人可理解为通过计算机图形学、语音合成技术、深度学习、类脑科学、生物科技、计算科学等聚合科技创设，并具有"人"的外观、行为甚至思想（价值观），可进行交互的虚拟形象。数字人的分类有多种：身份型（如真人虚拟分身）、服务型（如虚拟员工）、表演型（如虚拟偶像）三大类。

课程视频制作中，通过讲稿驱动数字人播报，合成课件 PPT、富媒体等素材快速生成视频，运用数字人和人工智能合成工具，能有效极速生成视频。同时，研究人员定制数字分身加快学术资源建设，帮助机构快速实现学术研究数字化转型，有效助力国家数字化资源战略。

2.4.5.2 虚拟人技术标准

可以使用数字人形象代替教师在教学视频等场景中出镜，以丰富课程趣味性。同时，结合教材和知识点形成线上人工智能助教。具体应用和技术标准如下：

数据安全和隐私保护措施：数字人在数据安全和隐私保护方面，应由制作方与教师团队签署协议。肖像权归教师所有，未经授权情况下，不能被第三方用于营利或非营利项目使用。

语音识别准确度：数字人在语音识别方面的准确度，达到精准度100%。

语音合成自然度：数字人在语音合成方面的自然度和流畅度，达到精准度 95%。

自然语言处理（NLP）理解准确度：数字人在自然语言处理方面的理解准确度，达到精准度 95%。

交互响应时间：数字人对用户输入的响应时间，以秒为单位。

可扩展性和灵活性：数字人的可扩展性和灵活性，能够根据业务需求进行快速部署和定制。

2.5　展　　望

在未来的教育领域，大语言模型与人工智能认知领域（AICG）将携手共进，共同推动教师角色和教学方法的革新。教师将不仅是信息的传递者，而且是更多地转型为学习体验的设计师和学生能力培养的引导者。教师将专注于激发学生的创造力、批判性思维和解决问题的能力。在此过程中，AICG 和 LLM 技术将成为教师的得力助手，提供个性化的教学资源和策略，助力教学活动的多样化和个性化。

在这场变革中，教师的角色将演变为学生知识探索的领路人和协作伙伴。在 AICG 和 LLM 技术的助力下，教师能够更深层次地将自己的专业知识与关爱注入教育实践。技术与教育的有机结合成为推进教育创新的动力，共同指引学生进入一个知识广阔深厚、技能全面发展的新时代。

3. 智慧课堂篇

3.1 背景及必要性

3.1.1 实施背景

2024 年 1 月 30 日，教育部部长怀进鹏指出，中国将实施人工智能赋能系统，促进智能技术与教育教学相结合。教育部将纵深推进数字教育事业，推动建立试点示范，引导课堂教学深化应用，鼓励各级各类学校将平台资源和服务嵌入教育教学之中。

在"2024 世界数字教育大会"的平行会议"教师数字素养与胜任力提升"上，中国教育部副部长陈杰在致辞中指出：面对教育高质量发展的迫切需求和以人工智能为代表的新一代信息技术变革的挑战，必须把数字素养与胜任力作为教师的必备素养，提升教师数字化教学能力，助推教学质量提升。中国希望和全球各国一起，通过世界数字教育大会、世界数字教育联盟等平台，加强全球合作，共享最新的研究成果、创新技术和优质资源，更好地形成全球共识、应对共同挑战，促进教师数字素养提升，撬动教育整体变革，实现教育更高质量、更加公平与包容的发展。

3.1.2 实施必要性

3.1.2.1 促进数字教育素养与数字化制度创新

2024 年 1 月 31 日，在"2024 世界数字教育大会"的闭幕式上，中国教育科学研究院院长李永智正式发布全球数字教育发展指数和《中国智慧教育发展报告（2023）》。报告提出，全球数字教育发展可划分为转型起步、资源共享、数据驱动、AI融合和生态重塑五个阶段。各国数字教育发展水平在数字素养提升、数字教育体系构建、数字教育制度创新、数字教育内容重构、数字化教学变革、数字教育治理升级六个指数评价维度上，存在一定差异。从指数排名情况看，全球数字教育发展高水平国家具有一定聚集性特征和跨越性发展特征。

在过去三年，中国通过实施国家教育数字化战略行动，在数字资源建设应用、数字素养培养、数字教育体系构建三个方面取得了明显的进展，指数排名从 24 位跃升到第 9 位，前进 15 位。尤其是发挥数字教育发展比较优势，建成世界最大的教育资源中心——国家智慧教育公共服务平台，实现了公共数字教育资源规模化应用的跨越式发展。同时，中国也在较短时间内，通过实施一系列推进措施，在师生数字素养与教育治理的数字化方面，取得了长足进步。

《中国智慧教育发展报告（2023）》认为，2023 年我国出台了纵深推进、横向联结的政策网络体系，确保教育数字化战略行动可以落到实处。报告呈现了基础教育、职业教育、高等教育和特殊教育等领域的 20 个典型案例，集中展示了中国的数字教育实践，提炼出中国智慧教育发展的五大实践路径。向全球提出近期数字教育发展的五个趋势。中国数字教育发展的特色之路，必将为世界数字教育发展贡献更多借鉴。

3.1.2.2　促进常态化 MOOC 课程建设与持续运行

（1）珞珈在线网络教学平台课程建设与运行概况。珞珈在线网络教学平台本科课程自 2017 年春季学期开始运行，至 2023 年 8 月已经运行了 13

个学期，累计建设课程门数 8155 门，开课班级数为 24575 个，课程学生总数为 1263531 人次。珞珈在线网络教学平台课程建设应用总体情况，如表 4 所示。

表 4 　　　　　　珞珈在线网络教学平台课程建设应用总览

学期	开课课程（门）	班级数（个）	课程人数（人）
2017 年春季	13	190	13289
2017 年秋季	17	375	33875
2018 年春季	17	137	9363
2018 年秋季	29	386	34159
2019 年春季	56	504	29608
2019 年秋季	179	687	39891
2020 年春季	2009	9183	269502
2020 年秋季	313	1113	73380
2021 年春季	410	1299	143272
2021 年秋季	1277	3882	239671
2022 年春季	1060	2107	115693
2022 年秋季	1596	2267	124467
2023 年春季	1179	2445	137361
总计	8155	24575	1263531

（2）2023 年课程建设概况。截至 2023 年 7 月 31 日，全校累计创建课程 8155 门，其中，2023 年春季，全校创建课程 1179 门。近 6 年来珞珈在线网络教学平台建课数据，如表 5 所示。

表5   近6年来珞珈在线网络教学平台建课数据

年份	2017年	2018年	2019年	2020年	2021年	2022年	2023年
创建课程数（门）	285	313	787	5919	2538	2603	1179

应用课程数量和创建课程数量对比，如图8所示。

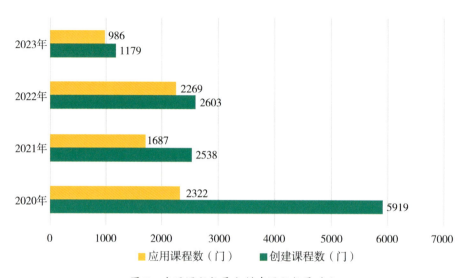

图8   应用课程数量和创建课程数量对比

2023年春季，武汉大学建设课程1179门。根据统计，2020年课程应用率为39.22%，2021年课程应用率为66.46%，2022年课程应用率为87.16%，2023年春季课程应用率为83.63%，课程应用率是在不断提高的，说明学校课程建设已趋于稳定，越来越多的课程投入教学应用。

（3）2023年课程资源建设概况。自2023年春季以来，课程建设的资源大体分为视频、音频、图书、文档等类型，根据课程建设资源的类型，2023年春季学期珞珈在线网络教学平台教师资源上传数量，如表6所示。

表6 **2023年春季学期珞珈在线网络教学平台教师资源上传数量**

课程数	课程资料数	任务点数	章节资源总数	课程访问量
1179	45202	22338	30551	36854165

2023年春季学期珞珈在线网络教学平台教师上传资源占比，如图9所示。

图9 2023年春季学期珞珈在线网络教学平台教师上传资源占比

2023年春季学期珞珈在线网络教学平台教师上传文件类型占比，如图10所示。

由图10可知，教师建课上传资源中，使用资源类型最多的为PDF文档资源，占总资源的55%；其次为其他文档资源，占总资源的31%；WORD资源排第三，占总资源的13%。可见，教师们充分利用丰富多样的各类资源，积极探索线上线下融合的教学模式，发挥教师引导、启发的主导作用，尽可能地激发和促进学生作为学习主体的主动性和积极性。

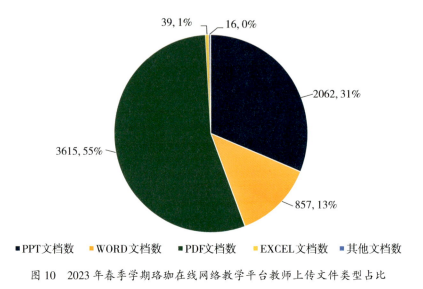

图 10　2023 年春季学期珞珈在线网络教学平台教师上传文件类型占比

3.1.2.3　促进 SPOC 教学模式与移动教学融合

（1）课程习题建设概况。在课程建设过程中，主要涉及题库、作业、试卷以及章节的创建。平均每门课程新增近 100 道习题，用于考查学生对知识点的掌握度。珞珈在线网络教学平台课程习题建设情况，如图 11 所示。

（2）课堂活动概况。教师充分利用平台进行教学和管理，在线课程不仅仅重在建设，更是重在应用，2023 年春季共发布课堂活动 9235 次，其中各项活动开展情况如图 12 所示。

由以上数据可知，教师积极应用在线资源，开展智慧教学，将传统课堂的教学过程通过平台和移动端实现数据化，如使用率较高的考勤、即时反馈的问卷、解决时空问题的直播等，都为教学带来了新的转变。

同时，教师应充分利用作业、章节测验、考试等在线考核方法进行教

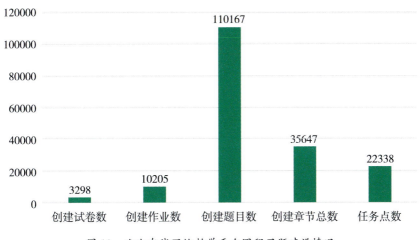

图 11　珞珈在线网络教学平台课程习题建设情况

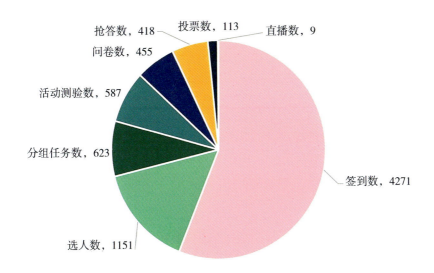

图 12　各项课程活动开展情况

学改革，课前课后不断通知学生课程最新学习进度，督促学生学习考试，同时也可以利用移动端控件发起活动，调动学生的课堂参与度与积极性。

（3）课堂讨论概况。在线课程平台为教师和学生提供了教学交流的平台。学生之间在平台中进行互动，能够在一定程度上消除网络学习的孤独感，指导教师也能通过讨论区了解学生的学习情况，形成良性互动。数据统计，学校在线课程师生讨论总数为 102787 条，师生讨论十分热烈，如表7 所示。

表7　　　　　　　　　　课堂讨论数据（个）

总讨论数	总发帖数	总回帖数	教师讨论数	教师发帖数	教师回帖数	学生讨论数	学生发帖数	学生回帖数
102787	4026	98761	2818	2394	424	99969	1632	98337

3.1.2.4　促进智慧教室和虚拟仿真教室与智慧教学的融合

为加快数字化基础设施建设，推进教育数字化转型，由教育技术与教学服务中心牵头建设，2023 年对全校公共教学基础设施进行了针对性升级建设。具体如下：

（1）公共教学电脑升级，完成了全校 450 间公共教室以及文理学部 6 间计算机教室内电脑终端的全面升级，整体提升了各类教学软件的运行流畅度及稳定性。

（2）混合式教学设备升级，对 579 间公共教室的直播信号进行升级改造，完善了线上教学对板书信号的采集需求；对超融合服务器集群进行扩容升级，保证了各类教学平台及应用的平稳运行。

（3）教学巡视及服务保障设备建设，完成了 3 间教学巡视中心的整体改造及全校 58 间教员休息室的门禁系统建设，全面提升了全校公共教室的数字录像资源的存储与调度能力，优化了教员休息室的使用与管理。

（4）录音棚建设及数字媒体设备更新，完成了新建专业录音棚 1 间及配套数字媒体制作设备的更新，有效提升了武汉大学精品课程及各类竞赛评选等数字教育资源的录制能力。

（5）智慧教室建设及多媒体教室改造，截至 2023 年年底，已完成共计 32 间智慧教室的新建和改造，剩余 18 间智慧教室和 3 间多媒体教室待医学部八号楼移交后方可实施。

（6）虚拟仿真教室建设，完成新建虚拟仿真智慧教室 2 间，填补了公共教学中虚拟现实交互的技术空白。

截至 2023 年 11 月 14 日，共建设公共智慧教室 109 间，占比 16.67%。其中，研讨交互智慧教室（67 间）、直播互动智慧教室（22 间）、延展呈现智慧教室（10 间）、点评互动智慧教室（8 间）、语言智能编辑智慧教室（2 间）。

此外，全校共有教师机 605 台，学生机 1246 台，VR 智慧教室 2 间，虚拟仿真教室 2 间，为全校数字化人才培养工作打下坚实基础。

3.2 教学运用

珞珈在线网络教学平台的教学开展，以移动端或 PC 端的各个教学应用为抓手，实现课程建设、资源检核、资源收集、课前备课、课程督学、课堂考勤、课堂教授、课堂讨论、课堂练习、学习反馈、学习记录、课程回顾、课程评价的全流程教学过程的开展，实施线上课程与线下教学相结合的翻转课堂教学模式、混合式教学模式等新兴教学方式，推进以"教"为中心到以"学"为中心的转变，增强课堂的互动交流，开展过程性考核与评价，促进信息技术与教育教学的深度融合，推动课堂革命。珞珈在线网络教学平台各教学端口，如图 13 所示。

图 13　珞珈在线网络教学平台各教学端口

3.2.1　准备：在线课程建设、管理与分析

3.2.1.1　课程和教学资源建设管理

（1）课程建设简介。珞珈在线网络教学平台引进 MOOC、现代化教育教学的理念与模式，基于高校教师的用户习惯与体验，开发了集课程建设、富媒体内容建设、课程门户建设于一体的全栈式课程建设简易功能，降低建设难度，实现高效课程建设。

①一步建课。平台支持多种课程模式，可以通过新建页面，填入课程信息，快速创建课程。也可以选择示范教学包建课模式，选择心仪的教学包一步建课。

②课程内容建设。平台提供便捷易用的课程编辑器，支持添加图片、文档、音视频（视频支持设置封面）、动画、网页链接、问卷、测验等，同

时也支持调用备课资源库的图书、报纸、知识点、学术视频、期刊论文等海量资源。

③课程门户建设。课程通过选择模板、编辑课程信息、编辑课程章节等内容完善课程门户建设，形成知识单元化、富媒体和教学互动结合的在线学习课程。

（2）教学资源建设简介。

①教学资料上传和设置。教学资源支持文件夹式层级管理、权限设置、重组、转发和共享，提供多种课程资料添加模式，如本地上传、云盘资料导入和海量在线资源插入，支持对已添加的资料进行编辑、重命名、移动、删除、预览和下载。

②教材教参、视频推送。平台无缝对接海量在线资源，支持在线查找并添加与课程关键字相关的在线图书、教学视频、文献资料、相关课程等，推荐给学生直接在线阅读和观看。

3.2.1.2 题库、试卷和考试管理

（1）题库管理功能介绍。

①支持题型。系统支持单选、多选、填空、判断、名词解析、分录、连线、排序、完形填空、阅读理解、口语、听力、共用选项题等多种题型，并支持自定义的其他题型，题目及答案支持图片、音频、视频、文档、附件等任何富媒体资源。

②题目设置。每道题可编辑答案解析、设置难易度、关联对应知识点等信息，便于管理与组卷，同时为知识点掌握情况分析提供数据支撑。

③分类管理。题库中的所有题库支持分文件夹管理，每道题可设置难易度标签、记录使用情况、创建者、创建时间等信息，支持对建设好的题库进行增删改查等工作。可按照正确率选题。

④题库管理。对建设好的题库支持修改、移动、复制、删除等操作，并支持批量导出，方便使用。

⑤题库加密。为防止题库泄露造成教学事故，考试管理员或者题库负责教师可对每个题库进行加密，题库加密之后必须正确输入题目密码才能访问题库。

（2）试卷管理功能介绍。试卷管理板块是考试系统中对试卷进行综合管理的区域，主要具有系统组卷和试卷管理两大功能。

①智能组卷。可根据考试实际需求设置组卷逻辑，系统将根据设置好的组卷逻辑从题库中选题进行自动组卷，组卷数量可以自行设置。组卷逻辑包括试卷结构、每种题型抽取的数量、分数、难易度以及抽取位置等多种设置项目，设置好的组卷逻辑可以保存为模板，方便再次复用。

②手动组卷。组卷教师可单题录入，也支持从题库选题组成试卷，试卷分数支持自定义。

③试卷管理。对于组好的试卷进行综合管理，包括封存、预览、编辑、复制、发布考试、删除、分配教师等管理操作。

④试卷发布。考试前将试卷库中的试卷发布给考生，发布时可以对考试过程的各项参数进行设置。

3.2.1.3　教学运行管理

教学运行管理是教学管理部门在人才培养方案实施过程中，对教学活动进行的全面统一管理。教学运行管理包括课堂教学的组织管理、实践教学的组织管理、日常教学管理、考核管理、教学资源管理、教学档案管理等。

珞珈在线网络教学平台的教学运行管理的设计围绕教学这一中心，提供了课程运行管理、课堂管理、班级管理、教师团队管理、助教管理等运行模块，保证教学工作的稳定运行和教学质量的持续提高。

（1）班级管理。班级管理可以通过手动添加、学生库导入和批量导入三种方式添加学生。支持对班级进行个性化设置，包括课程允许退选课、开放课程报名设置、选课和班级开放时间、章节开放设置等。

（2）教师团队/助教管理。平台支持多名教师共建课程，可以对教师和助教设置课程权限。

（3）课程管理。平台支持教师设置课程权限控制，包括设置学生端导航、课程章节试读权限、课程是否共享、课程克隆和映射复用等设置。

3.2.1.4 教学数据分析

教育系统始终不断地产生着新的数据，如何充分挖掘和有效利用这些数据，将其转化为有价值的信息，是教学管理中的一大难题。教学大数据分析能够帮助教师和教学管理者通过科学的数据来作出更好的教学决策。

珞珈在线网络教学平台针对授课教师提供了即时收集每个教学班级的教学过程数据的功能。教师可通过移动设备或 PC 端查看课程统计、学生学习统计、课程讨论、课程内容统计、作业统计、课堂积分、课程学习访问量以及成绩统计等与课程相关的数据。这些数据的呈现有助于教师更加深入地了解学生的学习情况，更加有效地调整教学策略。

（1）课程统计。课程统计功能为教师提供了授课课程成绩的综合情况统计分析，包括各班级不同分数段人数、最高分、最低分、平均分、及格率、标准差等的统计数据和图表。教师可基于课程统计数据自定义编辑并导出课程成绩分析报告。这一功能为教师提供了更便捷、更直观的方式来了解和分析学生成绩情况，从而更好地评估教学效果和制定有针对性的教学策略。

（2）学生管理。学生管理为教师提供每个学生的学习统计分析，包括单个学生的课程学习进度统计分析（任务完成情况、视频观看时长情况、课程学习讨论数等）、章节学习进度统计分析、课程学习访问统计分析。

（3）讨论管理。讨论管理为教师提供每个学生的讨论统计数据，包括学生的发表讨论数据和回复讨论数据。教师可查看每个学生发表或回复讨论的详细内容。

（4）课程内容统计。课程内容统计为教师呈现每个课程内容（视频、作业、图书等）的学生学习情况，包括课程任务点和非任务点的学生学习统计分析，按章节知识点统计全部任务数及平均完成数、视频总时长及完成观看视频时长、作业总数及完成作业数。

（5）作业统计。作业统计为教师提供授课课程作业的统计分析数据，包括教师发布作业、学生作业情况、作业成绩等。

（6）考试统计。考试统计为教师提供授课课程考试的统计分析数据，包括教师创建试卷份数和试题数、发布考试提交数和批阅数、考试情况、考试成绩等。

（7）课堂积分。课堂积分为教师提供基于课堂教学活动的学生学习积分情况，包括课堂积分区间分布情况、每个学生的课堂学习积分情况等。教师可导出授课课程的各个班级的教学活动数据和课堂积分数据。

（8）课程学习访问量。课程学习访问量为教师提供学生学习访问课程的统计数据，包括日访问量和月访问量统计数据。教师基于课程学习访问量统计反馈学生的学习习惯。

（9）成绩统计。成绩统计为教师提供各个教学班级学生不同考核指标权重的分项成绩数据和综合成绩数据，包括作业、课堂互动、签到、课程视频、章节测验、PBL、访问数、讨论、阅读、直播、考试、线下等多个考核维度。基于网络教学平台实现线上成绩与线下成绩导入汇总。教师可自定义课程的考核维度，导出学生的成绩数据。

3.2.2 课中：智慧课堂与教学互动

课堂是学校教育教学工作的主阵地，学生知识的获取和能力的提高基本上是在课堂内完成的。智慧课堂教学模式，打造了基于新媒体技术的课堂投屏教学与师生互动功能，教师可以通过智慧课堂教室端，借助简单的网址"x. chaoxing. com"与"投屏码"，轻松将教师的备课教案直接在课堂上进行发放，也可以直接将课程的课件、图片、视频等各类教学资源投放至课堂，并通过互动工具激活课堂教学，与学生进行课堂互动。

智慧课堂互通系统可以单独使用，也可以和移动端远程投屏使用，课堂互动支持签到、选人、随堂练习、主题讨论、抢答、问卷、分组任务、投票、评分、拍摄、群聊、白板、计时器等师生互动功能。智慧课堂互通系统基本功能介绍，如图 14 所示。

3.2.2.1 智慧课堂

（1）课堂投屏。针对习惯使用客户端的教师，也可以在课程工具箱内下载智慧课堂系统，用客户端来进行投屏，如图 15 所示。

为方便教师使用课堂投屏功能，在登录方面支持多种登录方式，除了输入每堂课生成的专属"投屏码"，还同时支持账号登录及移动终端扫码。课堂投屏使用时的快速登录方式，如图 16 所示。

通过投屏，可将 PPT、文档等教学资料，以及签到、选人、抢答、投票、主题讨论等教学互动过程与结果，实现上屏展示。

（2）扫码进班。扫码进班是指教师在课堂上通过扫描二维码等方式，使学生快速加入班级，实现课堂互动的操作。

扫码进班支持移动端 App 和微信两种扫码模式，同时支持输入邀请码

图 14　智慧课堂互通系统基本功能介绍

图 15　客户端的投屏方法

的方式快速进班。

（3）签到。传统的课堂签到多采用点名或手签的方式，所需时间长、统计过程繁琐。

投屏除了支持普通签到方式，另外增加了扫描二维码、手势、定位、

图 16 课堂投屏使用时的快速登录方式

拍照等新的签到方式，提高签到效率的同时，还以新颖的方式增加了学生参与签到的积极性。

基于实际课堂考勤情况的考虑，在签到方面可以设置缺勤、事假、病假、迟到、早退等多种考勤状态的统计，极大地提高了课堂考勤管理的效率。

（4）PPT 授课。教师的 PPT 课件存储在专属云盘中，课堂教学中可直接将课件投屏显示。

投屏支持多终端控制进程。同时支持 PPT 课件目录查看，快速跳转到指定页面，实现幻灯片的自由翻页。

3.2.2.2 教学互动

（1）选人。课堂上教师常通过提问的方式来增加学生对教学活动的参与度，并考量其对教学内容掌握的水平。传统的选人方式往往存在教师主观性过高、学生参与不均的弊端。

投屏的选人环节由系统随机抽取，可选一人或多人参与活动，同时可记录教师对选中人员的评分，并自动记入汇总成绩。

（2）抢答。为加深课堂上学生参与的程度，教师常在提问后通过抢答的方式来调动学生的积极性。传统课堂的抢答往往存在参与学生过于集中的问题，也很难在最终成绩上对表现积极的学生进行肯定。

投屏的抢答环节充分体现公平的原则，为积极的学生与回答正确的学生设定较高的参与分值，并自动记入汇总成绩。

（3）主题讨论。由主题讨论引发的头脑风暴是翻转课堂中常用的教学活动。投屏的主题讨论环节由教师口述问题后发起，全体学生可通过移动终端参与。讨论内容实时显示，后台自动进行讨论内容的实时大数据分析，提炼讨论中的高频词汇并聚焦显示，汇成词云，并根据学生的参与程度自动打分记入汇总成绩。

（4）分组任务。分组任务教学是教师将教学内容归结为若干个任务，以任务为主线、教师为主导和学生为主体，采用分组完成的方式。学习通可通过分组任务功能，将学生分成若干个学习小组，引导学生在任务完成中自主探究、相互协作，最后进行任务完成情况的评价、交流、归纳和总结，并将结果投屏展示。在这一过程中充分调动每个人的积极性，以便学生能够有效地掌握知识。

（5）拍摄。学生的课堂学习成果教师可通过拍摄进行投屏展示。图片支持放大与缩小，丰富课堂交互的内容。

（6）课堂计时。实际教学过程中，课堂计时可用于课堂竞赛、限时练习等。课堂计时辅助课堂教学，支持设置顺计时和倒计时，并同步投屏展示，可用于活跃课堂气氛，增加课堂的趣味性。

（7）群聊。课程群聊共享性和即时性弥补了回复延迟和教学网单向接收信息的劣势。提供的课程群聊满足了日常课程信息发布和组织课程讨论的需要。

（8）专题创作。专题是整合文字、图片、视频等多样化资源的集合。学生可以利用专题创作开展多样化的认知活动与创作。

（9）小组。师生可通过创建小组，就某一类话题或兴趣点进行讨论和交流。用户可自由创建小组，设定小组名次、介绍、权限设置以及统计数据。

（10）作业。学习通的作业系统包括单选、多选、填空、判断、简答线、资料题、连线题、排序题、完形填空、阅读理解、程序题、口语题、听力题。教师可随时通过学习通对学生的作业进行批阅与回复，根据系统显示的作业人员信息进行作业的重新发放、作业结果后台实时汇总与统计，并生成以课程为单位和以学生为单位的作业报告。

（11）测验。测验主要用于开展课堂小测。学习通的测验功能实现在线创建题目或同步调取课程题库，题型包括单选、多选、填空、判断、简答题。测验发布支持设置活动积分、时间，测验结果后台实时汇总与统计并支持结果投屏。

（12）评分。课堂上学生之间相互评分是对教师打分的有效补充。教师通过收集学生互评信息及时改进自己的教学，指引学生正确的学习方向；学生通过互评，可以了解自己与别人的看法，改正自己的学习方式和行为习惯。投屏的评分环节是由教师口述问题后发起，全体学生可通过移动终端参与，系统自动进行评分结果的汇总和显示。

（13）投票。投票是一种能够充分调动学生参与热情的教学活动。由于该活动设计复杂、耗时较长，少有教师能在传统课堂上较好地使用。

投屏的投票环节能够快速完成活动的发起、投票、收集与汇总，并借助富媒体的展现方式，实时展示投票结果，自动记入汇总成绩，并支持详情查看。

（14）问卷。问卷是一种能够快速了解学生想法与学习态度的教学活动。由于该活动设计复杂、耗时较长，少有教师能在传统课堂上较好地使用。

学习通能够快速完成问卷活动的发起、投票、收集与汇总，并借助富媒体的展现方式，实时展示问卷结果，自动记入汇总成绩，并支持详情查看。

（15）学生反馈。学生反馈作为师生双方教与学的互动活动，能够调动学生参与学习，增加彼此间的交流和了解，轻松完成学习任务。学习通的学生反馈通过对话的方式发表见解，教师进行适度引导，促进学生正确理解，改善学生学习效果。

3.2.3 课外：教学活动管理与直播课堂

3.2.3.1 教学活动管理

（1）课程督学。课程督学是教师帮助学生与课程建立连接与交互的重要环节。教师可通过移动端中通知、站内信函、添加助教等功能来督促学生在课前及时地进行自主学习，完成相关的阅读任务，且教师可在移动端上根据学生学习的情况进行针对性督学。

①通知。通知是向学生传递教学信息的一种消息形式。移动端将通知与图片、文档、视频等教学辅助资源进行相应融合，实时统计通知的未读/已读信息情况，实现教学进度的有效监管。

②站内信函。站内信函是在同一学校内可以广泛使用的电子信函。站内信函作为教师开展课程督学的一种工具，可在正文处添加多种文件、资源和教学互动控件等，给学生发送课前学习内容和任务，方便了解学生预习情况。

③助教。助教是辅助教师团队开展课程教学的人员。移动端支持在同一门课程内添加学校内其他人员作为助教，主讲教师可对助教进行一定的权限设置。通常在进行大班教学时，助教是不可或缺的角色，帮助教师对

课程讨论区、班级成员、资料和考试等进行管理，从而在不影响正常教学的情况下减轻教师的教学负担。

④阅读。阅读是运用语言文字来获取信息、认识世界、发展思维并获得审美体验的活动，是学生学习过程中非常重要的一个环节。学习通拥有非常丰富的学术资源，系统可根据学生个人的阅读习惯推送适合的阅读资源，实现学生的个性化学习。

（2）学习记录。基于移动端的学习记录，通过笔记、收藏、录音等方式，支持师生将学习记录进行分享、转发等学习社交形式，帮助他们进行知识积累与整合，提升学习效果与学习体验。

①笔记。相对于传统笔记，电子笔记具备版式清晰、易于分享的特点。移动端在实现基于教学内容、学习活动与教辅资源快速记录笔记的同时，增加了对笔记阅读人员信息的统计，增加了笔记发布后的继续修改功能，增加了对笔记的点赞和持续回复的交互设计，增加了快速转发到课程章节、消息、站内信函、站内通知、小组、收藏、微信好友、朋友圈、QQ 等传播渠道。

②收藏。收藏通过将优质资源进行归类整理从而帮助师生进行学习记录。收藏里的内容可通过搜索框进行快速搜索，并且可一键分享到笔记圈、小组、个人、站内信函等接收端，实现资源的共享学习。

③录音。教师的音频讲解是帮助学生理解教学内容的关键辅助材料。移动端实现了录音与 PPT 内容的对接，可对 PPT 的每页内容针对性地讲解配文，提供给学生反复收听学习，帮助学生实现知识点的深入理解。

（3）课程评价。课程评价是课程开展的重要环节，评价一门课程的教学开展情况，必须依靠一定的标准和指标。评价环节教师可以通过移动端进行课程的权重设置、课程积分设置与查看、考试的设置与发放，且系统自动对师生基于移动端开展的教学活动数据进行采集，帮助教师快速了解课程的教学情况和学生的学习情况，从而对学生进行合理的评价以及为课程的迭代优化提供科学依据。

①权重设置。课程的权重设置是为合理统计学生成绩的依据，教师可根据教学目标和要求对作业、课堂互动、签到、课程视频、章节测验、PBL、访问数、讨论、阅读、直播、考试、奖励、线下活动进行设置。各项活动的权重之和为100%。

②积分。积分是学生成绩的一种表现形式，在权重设置完成后，学生成绩便根据权重比例得出相应的积分。教师可随时在移动端查看学生成绩积分情况，从而对学生开展督学。

③考试。移动端的考试系统包括单选、多选、填空、判断、简答、资料题、连线题、排序题、完形填空、阅读理解、程序题、口语题、听力题。教师在移动端/PC端上创建考题或从包含单选、多选、填空、简答等多种题型的题库里调取合适的考题组成考卷，设定考试发放的时间，在学生作答完后进行批阅与回复，并能根据系统显示的考试人员信息统计进行考试的督学与重新发放，考试结果后台实时汇总与统计，最后生成以课程为单位和以学生为单位的考试成绩报告。

3.2.3.2　直播课堂

通过直播、同步课堂、速课等功能将课堂完整教学过程进行留存，为学生提供反复观看的功能，方便学生回顾课程、巩固学习，满足不同学生学习的需要。

（1）教学课堂。基于移动互联技术，教师发起关于课程内容的教学直播，学生在线收看内容，方便师生随时随地进行直播内容的实时交互，为师生提供更广阔、更自由的交流空间。

移动端可实现教师一键发起线上直播、过程互动讨论、历史课堂回放等活动，提升教学直播互动体验；学生借助移动端可满足随时随地收看直播、实时参与直播交流、弹幕评论精华内容与历史回看往期直播的学习需求。

（2）同步课堂。同步课堂能够真实还原面授教学场景，实现零距离伴随式学习。借助于移动端的同步课堂与课堂教学、课后学习和辅导有机结合的方式，通过同步课堂平台推送教学辅导资源、习题以及课堂活动，学生可以远程通过移动端同步参与课堂，实现双向或多向互动的同步课堂。

（3）速课。移动端的同步课堂充分利用同步互动、直播、录播的各自优点，在结束课堂直播后可快速生成"速课"，进一步深化同步课堂的功效。存储为教学资源的速课可进行分享、再次编辑和管理，支持添加 PPT、音视频、图片、文字和测验等素材。

3.2.4 环境：智慧教室和虚拟仿真教室

3.2.4.1 智慧教室

（1）智慧教室建设简介。武汉大学在智慧教室建设过程中，按照"顶层设计、标准先行、软硬分离、分步实施"的原则，先期已经完成全校统一的教学公共服务平台、教室管控平台建设，形成了武大特色的智慧教室建设标准，并在前期智慧教室建设过程中，完成了相关试点和系统试运行。

根据教学场景需要，智慧教室建设现有以下五种类型：

①研讨交互智慧教室。使教室内任何一个人都可以成为课堂中心。

在教学过程中，师生可通过无线投屏、视频调度技术，实现师生角色互换。

除了教室主屏幕，教室两侧还配备有两块可触式高清互动大屏。教师授课时，不同方位同学都可以清晰看到教学内容；分组研讨时，各组同学可通过无线投屏方式将手机、笔记本上的内容快速分享至小组屏幕，方便在组内展示自己观点；小组分享时，老师可将某个小组观点推送到教室所有屏幕，实现教室内分享。

②直播互动智慧教室。通过直播互动技术让教师的课堂授课打破教室空间限制。

利用直播互动技术，可以实现跨教室、跨校区、跨校际甚至跨国的远程音视频实时授课，实现教学资源的共享。针对通识教育课以及部分非常受欢迎的专业课程，直播互动教室可以打破现有教室的物理围墙，使教师不再受空间的约束来限制学生选课人数，通过智慧教室之间直播互动，教师可以跨教室讲课并与学生讨论、交流。

教室配备有多块可触式高清互动大屏，可支持多种授课模式。

③延展呈现智慧教室。通过教师的双屏，让教师可以更完整地呈现知识全景。

在教学过程中，老师不再受限于黑板尺寸，除了教师的主屏，还搭载一块教师的副屏。复杂的知识点或者前后关联的知识点，可同时进行高清展示、对比、推演。教师上课不必关闭这个窗口再去打开另一个窗口，一些高难度的复杂知识点可以在同一时间得到全方位展示和比较。

教室配备有多块可触式高清互动大屏，可支持多种授课模式。

④点评互动智慧教室。通过同屏对比、点评，使课堂知识得到更深入的探讨和解读。

通过小组屏实现小组内多名学生同时投屏互动及协作功能，学生之间可以通过小组互动终端进行同屏对比展现，通过不同结果的差异比较，集思广益，拓展思路。教师可以直接通过屏幕调度功能，对小组屏上学生的结果进行点评，并通过小组分享模式分享到整个教室。同时，教师也可以将不同小组学生的结果在主屏或者任意一个小组屏上进行比对、点评，并在全部屏幕上进行广播，实现任意结果之间的对比点评。

教室配备有多块可触式高清互动大屏，可支持多种授课模式。

⑤语言智能编辑智慧教室。通过云端大数据知识库和教学应用软件使语言类学科得到更多种创新的教学方式。

针对语言类学科专业的教学应用场景，通过专业定制化的教学应用软件系统，语言类词库、题库，教材编辑系统等多种应用相融合的方式，力求通过大数据、云技术等手段协助教师在语言类学科教学上探索新的教学方式，通过课堂教学软件与学生手机、电脑移动端进行在线互动，提供有效的信息化手段助力教学课堂。

教室配备有多块可触式高清互动大屏，可支持多种授课模式。

（2）教室控制。进入教室，走到讲台区域，会看到讲台正前方的控制面板设备。包括：上下课、教学模式、信号源切换、场景选择、一键呼叫以及更多功能选项。

①上课准备。点选"一键上课"，一键开启教室所有设备，即可将U盘插入讲台上USB接口。

需要"外接笔记本"的操作方法：将讲台上的视频线连接到笔记本上，信号源切换点选"笔记本"，黑板和侧屏显示笔记本内容，如果为苹果电脑则需要自备转接头。

需要使用"无线投屏"功能的操作方法：点选"无线投屏"，根据黑板屏的提示操作，将移动设备上的内容显示在黑板上。目前一台设备最多可支持6路画面的投屏，点击不同的投屏画面，播放所选中的画面声音。

②分组讨论。课上需要"分组讨论"的操作方法：在面板菜单界面"教学模式"点选"小组讨论"，各小组显示本组显示屏信息。

各组讨论结束后，老师需要分享任意一组侧屏给其他组学习的操作方法：在菜单界面"教学模式"点选"小组分享"，选择展示组的屏号，即可实现选中小组到教师屏及其他小组屏的分享。

互动结束后，老师轻触选择框以外的界面，在菜单界面"教学模式"点选"授课模式"，回到课件展示。

③授课模式和课堂录制。课上需要"授课模式"的操作方法：在面板菜单界面"教学模式"点选"教师点评"，选择需要点评的小组后，教师主屏显示分享的小组画面。

录制上课视频的操作方法：在菜单界面右上方，点选"更多功能"，点选"随堂录播-启动"自动开始录制，点选"停止"结束课程录像。老师需自备存储设备，课后联系楼栋多媒体管理员，下载并拷贝上课录像。

④环境管理。对教室灯光、窗帘进行控制的操作方法：在菜单界面"场景选择"，点击开灯、关灯或开窗帘、关窗帘即可实现对教室所有灯或窗帘的控制。

对教室的"灯光、窗帘和空调"进行单独开关控制的操作方法：菜单界面右上方，点选"更多功能-环境管控"。

对教室的"黑板和侧屏"进行单独开关控制的操作方法：菜单界面右上方，点选"更多功能-设备控制"。

课程结束，点选"一键下课"，一键关闭教室内所有设备。

⑤设备故障。遇到设备使用问题，可点击"一键呼叫"，联系多媒体设备管理员。

（3）设备使用。

①主屏功能。老师打开课件后，可以通过触控教室主屏，实现 PPT 的

拖动及翻页。主屏切换板书的操作方法：手指轻触屏幕底部的黑色区域，然后上划，会显示通道切换弹框。点击"快捷白板"后，即可展示黑板画面；如果需要切换回课件，同样的步骤，上划唤醒切换通道界面，把通道切换到内置电脑即可。

②副屏板书。点击"快捷白板"即可进入黑板界面，通过使用讲台上的触控笔即可实现板书的书写。"新增板书页面"的操作方法：如果板书内容过多可以点击右下角的"加页"即可新增板书页面，点击"上一页"和"下一页"可实现板书的页面切换。"板书工具"的操作方法：点击板书中间的工具栏，可选择不同的工具。

③升降讲台。讲台高度调节的操作方法：讲台的左侧有对应的调节按钮。长按"▲"按钮，讲台会慢慢升高，直至停止按动按钮（最高高度为120cm）。长按"▼"按钮，讲台会慢慢降低，直至停止按动按钮（最低高度为70cm）。

④无线投屏。"iOS/Mac（AirPlay）投屏"操作步骤：

确保终端设备与投屏设备连接同一路由器（目前投屏需要连接的网络为 WIFI 后带教室号的，密码为 12345678），点击 Airpay 选择小组进行投屏。"Windows 8/10（WiDi）投屏"操作步骤：打开 Windows 电脑 WIFI 开关，打开控制中心"连接"设置（快捷键："Win"＋"K"），选择投屏设备，开始镜像投屏。"Android（Miracast）投屏"操作步骤：打开 Android 设备 WIFI 开关，点击"设置-显示-无线显示"。

3.2.4.2　虚拟仿真教室

（1）一般教学使用。

①作为普通大屏正常教学使用，可播放老师课件、PPT、视频等。

②作为 3D 大屏可播放 3D 视频、3D 电影等。

③可作为教学工作会议大屏使用。

④搭配 30 套高配置电脑和显示器，可分为 6 个小组进行教学，适用于传统机房软件类课程教学，如图 17 所示。（左图源自：http://www.jsvry.com/special/1，右图源自：https://zhuanlan.zhihu.com/p/406537467）

图 17　虚拟仿真教室的环境

（2）VR 教学使用。

①教室 VR 大屏可作为人机交互 3D 立体屏幕，教师通过 3D 视角进行 VR 内容交互式教学，学生可看立体教学画面，赋予 VR 内容沉浸感，激发学生学习兴趣。

②针对 WEB 端或者 PC 端虚拟仿真内容可以安装到学生机和大屏电脑上面进行授课教学。

③学生机 30 套电脑分别配置有 30 套 HTC cosmos VR 头盔，VR 类虚拟仿真内容部署安装完毕后，学生可自主进行学习。

（3）VR 软件开发教学使用。学生电脑配置有 IdeaXR 虚拟仿真内容开发软件，学生和老师可以在此进行 VR 教学内容的创作，以此来丰富更多 VR 课件。针对有定制化需求的 VR 课程，也可以委托公司进行定制化开发，如图 18 所示（图片源自：http://www.ideavr.top/avatar/）。

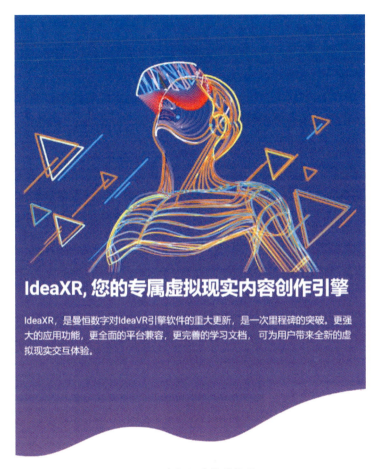

图 18　虚拟仿真教学软件

3.3 展　望

2024 年年初，世界数字教育大会的召开标志着人工智能赋能教育的时代已经到来。教育部部长怀进鹏的讲话和中国教育科学研究院院长李永智的报告，共同描绘了一个愿景：在不远的将来，每位学生都将在"人工智能+教育"的环境中成长，未来的数字教育会在资源共享、数据驱动、AI融合的教育生态中不断拓展。

4. 数智教育评价篇

4.1　背景及必要性

4.1.1　实施背景

以大数据、区块链、人工智能为代表的新一轮信息技术加速发展，推动人类社会迈向人机协同、跨界融合、共创分享的数智化时代。教育面临着以数字化、智能化、智慧化为特征的技术转型挑战。具体表现在借助物联网技术、感知觉传感器和射频识别技术等数智技术的支持，教育环境将日益智能化。智能录播技术、智能教学系统等技术融合推动教育过程逐渐精细化，音视频语义智能识别、机器学习、知识图谱和聚类分析等技术带动下学习过程趋向个性化。《教育部 2022 年工作要点》明确提出"实施国家教育数字化战略行动"。党的二十大报告再次指出，"推进教育数字化，建设全民终身学习的学习型社会、学习型大国"。这标志着教育数字化转型已成为我国教育改革发展的重要战略主题。

数智技术的广泛应用推动了教育评价范式从数据评价向数智评价的转变。数智化时代，随着教学方式的转变，新技术、新设备广泛运用于教育场景，使得传统的教育评价范式面临挑战。传统的教育评价范式——数据评价，长期依赖于问卷、观察和标准化测试作出价值判断，不仅存在着问卷信效度的信任危机，也容易导致课堂观察高度依赖观察者个人、标准化测试导致知识目标畸高等问题。在新的数智技术支持下，学习者进入智能化教育环境中会产生特定的数字化学习经历，包括学习轨迹、学习进度、学习交互、社会情感表现等多元化复合数据，数据成为生动记录和灵活分析学习者学习经历的最小结构单元，这时的评价是基于学习者学习发展能力、生命成长过程的人文主义倾向的教育评价范式。因此，转变评价理念、创新评价途径、激活评价数据、呈现教学行为成为数智时代教育评价的愿景与追求。

4.1.2　实施必要性

4.1.2.1　教育评价对教育质量提升的重要作用

　　教育评价是教育主体基于一定价值观对教育活动教育过程和教育结果的认知与价值判断。马克思主义认识论强调，认识是在实践基础上主体对客体的能动反映。评估教学活动对教学目标的达成程度、展现教学过程中的各项教学活动的具体推进数据和表现提供了现实抓手，为后续教育改进提供了客观依据，因此教育评价是促进教育质量提升的重要参考。

　　数据驱动下的教育评价具有突出的数据特征、循证特征。智能环境和穿戴设备能够通过数据技术大幅扩容评价信息的来源通路和容量——从最基础的学生是否能够正确回答问题，学生是否完整收看教学视频等基础性、片面性数据拓展到学生学习过程中的学习准备、学习动力、学习投入和学习情绪等复杂、内隐学习证据，以及教师教学资源调动能力、教学互动质量、教学调整及时程度等教学证据，甚至是教室设备、网络设备、学校环境等空间数据等都纳入数智评价的数据来源范畴，具有突出数据性。同时，实证主义哲学思路为教育评价中的数据解读提供了新的哲学范式——从传统的数据呈现式解读向数据模拟、模型搭建式解读转变——评价不再是对学生某门课程的"盖棺定论"，更是对学生自身学习风格、未来学习迁移的模型虚拟和预测。数据结构的转变为教师教学设计中的循证决策提供了助力，帮助教师更个性化、精准化设计教学，进而提升教育质量。

4.1.2.2 数智评价为教学改进提供了新的蓝图

人工智能时代在以物理世界为主的世界上新增了一个数字世界，人们的生活、生产和学习方式发生了重大改变，生产力的巨大变革必然带来生产关系和上层建筑的变革。为应对这一变革，教育必然从知识技能的培养转向学生核心素养的养成，教育评价也应从简单关注学生学习成绩向教学改进、教学发展和学习预测发展。

数智教育评价范式基于行政性教学分析和学生学习行为分析，技术记录分析和反馈了学生在教学过程中产生的真实数据，复制与数据挖掘技术将零散杂乱的数据提取为客观有效的教育信息，通过解读，发现教育问题，提供有价值的教学改进策略，从而提升教育质量，促进师生高质量教学发展。

4.2 建 设 方 案

4.2.1 数智教育评价概述

人工智能和数据科学技术的快速发展，促使教育评价从传统的基于感知的评价向现代的基于数据的评价转变。新时代数智教育评价范式是一种数据密集性评价，密集数据是为了支撑教学决策更加科学化、证据化，即循证教学。数智教育评价以立德树人的成效为核心，以课程教学的起点和终点为评价周期，以线上和线下教学的融合为场景支持，通过收集学生表现与成效的数据、教学认知与情感的数据，教师课外投入数据、课堂教学行为数据以及教学平台日志数据等，辅之以教学心理与行为研究，与学生认知与活动研究相结合，与教育原理与规律相结合、与课程教学相结合，最终形成教育效果、教学投入、教学态度、教学氛围等教育产出的全方位测评，以便教师进行教学反馈判断和教学决策。

4.2.1.1　数智教育评价的基本内容

评价是教育研究的永恒话题。数智教育话语中的评价不再是对学生分数的孤立关注，而是转向了对教学过程、教师教学能力、学生学习习惯的综合数智评价。换言之，数智教育评价指向的是教师教学和学生学习过程中的数智手段运用理念、运用程度和运用方式，为打造和推进更加数字化、更加智能化，能够适应未来人工智能社会发展需要的教学服务。在数智教育建设中，评价应该包括：

（1）学生学习数智程度评估：对学生在课前、课中、课后全环节中是否具有数智手段运用的意识和能力，所运用的数智手段的丰富、多样程度进行评估。包括对学生数字素养、数智技能、数智伦理和教育体验方面的考察。

（2）教师教学数智程度评估：对教师在备课、教课、评课和结课全环节的课程内容设定、课程实施过程推进、课程反馈环节互动和课程反思环节的总结，各方面是否能够调动新技术新手段，是否运用新技术新手段，是否有意识地使用学生数据进行教学等方面的意识、能力、频次和质量的评估。

（3）数智教学指数评估：对线上线下、课内课外、校内校外的全环节、全场域的教学推进过程中数智技术运用深度、广度和适切度进行评估；对所使用数智技术的先进程度进行评估，打造开放式、泛在式的师生连接关系。

4.2.1.2 数智教育评价的数据来源

数据是智能教育评价的基础。在数智教育理念的指导下，我们对教育教学的全过程予以关注，包括教学设计的评价证据、教学实施的评价证据、学习过程的评价证据和学习结果的评价证据四类。

（1）教学设计证据包括教师在教学目标设置、学习特征、分析教学模式与策略、选择学习环境设计等方面的全部数据。这些数据可以通过教师教学设计教案的文本分析、教师教研活动的学习记录以及教师说课等形式获得。

（2）教学实施证据是教师在课堂教学空间和网络教学空间中进行教学活动所表现出来的身心投入信息。

（3）学习过程数据是学生在课堂学习中所产生的学习痕迹。在课前可以通过对学习过程的监控，汇总分析学生登录课堂的频次、观看时长、在线次数、回帖次数以及内容质量等，有效判断学生的课堂参与度和知识的接受度。在课中可以通过学生弹幕分析、学生课堂状态评估、学生讨论投入、学生互动质量、学生提问检查等方式来获得。在课后模块可以通过作业质量、学习感受、学生评价等来获得。

（4）学习结果数据是学生在课程学习之后所获得的信息集合，可以通过学生作业、学生反思学习体会和学生评价来获得。

4.2.1.3 数智教育评价的量规体系

量规体系是评价数据搜集时的使用指南，旨在为评价主体进行数据证据的整理和搜集提供类别性思路。量规体系表明了我们对教师教学、学生学习以及整个教学过程数智程度进行评价时关注的维度和框架，如图 19 所示。

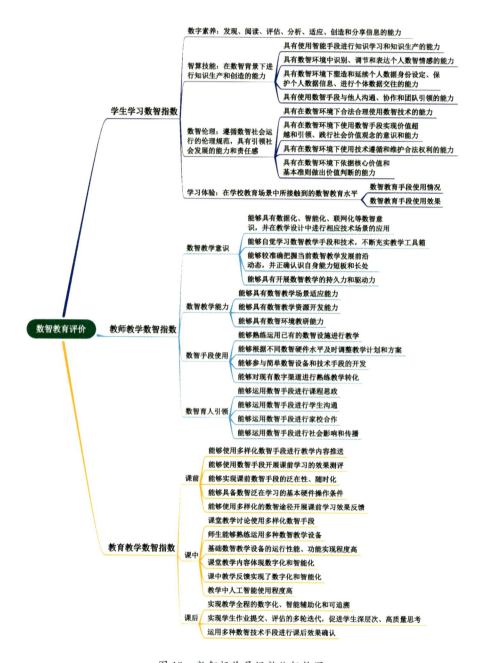

图 19　数智评价量规整体架构图

4.2.2　数智教育评价的应用场景

4.2.2.1　学生学习数智度评价

多功能、全方位的数字设备为教育评价信息的采集提供了智能化条件。通过采集学生课前、课中、课后的行为数据,在相应专业人员和评价量规的支持下予以分析,能够帮助学生反思自己的学习行为。如将学生听讲、问答、讨论、练习、媒体操作等数据,结合学生生理和心理的动态变化数据,加以交互分析并建立相应模型,能够有效地将学生的隐性数据外显化,帮助学生发现自己的学习偏好、认知缺陷和知识短板。再如通过对学生学习行为的跟踪和镜像,帮助其监测自身的学习过程,了解学习过程中的弱点和盲点,以便及时自主调整和学习反思,加强自我管理,从而提升学生学习的自主性。又比如通过跟踪搜集学生在做题过程中的错题类型和数量,帮助学生查漏补缺,明晰自己学习的知识短板和薄弱环节,明确自己的学习困难及其层次,进而更好地提供个性化的学习指导,实现对教学的精准干预。

4.2.2.2　教师教学数智度评价

数据驱动能够帮助教师实现循证教学,为教师提供一个快速、简洁的方式来分析学情、共享资源、应用数据,建立全方位的、基于数字技术的教学设计、教学实施和教学反馈生态。利用全方位的智能设备,生成学生学习的动态数据和学生画像,迅速为教师展现学生的学情状况、认知状况、情感状况和学习风格,预测学生的学习难点、学习成绩和发展走向,帮助教师及时调整和优化自己的教学设计、教学方法和教学模式。

利用数字技术埋点采集的各类学生学习数据,为教学中各环节的教师决策提供数据。用简单易懂的可视化方式加以展现，辅助教师更好地开展教学活动。如通过收集教学中的师生互动数据、教师理答数据、提问回收数据和例题完成数据，能够让教师更全面地掌握自己在课堂上与学生互动的情况，包括互动质量、互动覆盖和互动深度，帮助教师更好地自审教学。通过跨年度的教师课堂教学数据，跟踪教师的教学历程，形成可视化的教师教学水平曲线，帮助教师发现自身问题，进而优化教学行为，提升自己的教学技能，有利于实现教师自身能力和职业的发展。

4.2.2.3 教育教学数智度评价

随着大数据科学的发展，教育评价的范式迎来了 4.0 版本——数据密集型评价，它是指通过仪器设备收集数据，借用软件模拟方法产生数据，进而形成信息指示。由此观之，教育评价范式 4.0 是"数据驱动的教育评价"。它是推动教育评价科学化、数字化的重要载体和支撑途径，具有时间连续性、空间泛在性、结果可读性和效果高效性的特征。

美国教育评价公司 Standard 在 2004 年首次使用了"字云"概念，目前词语评价技术在我国高校教育评价已经被广泛应用，这是一种通过高频关键词的视觉化凸显来进行教育评价的手段。不过词云技术在数据密集型评价方式中属于较入门和简单的应用方式，随着研究的深入，我们还可以通过文本模型中的情感挖掘、情感赋分、词丛关联等手段作为教学效果特别是专业知识中的课程思政效果评价手段。通过智能终端设备，运用弹幕关键词等师生互动方式及时采集数据，为教学活动过程开展持续性的评价反馈，建立学生学习的路径图并进行分析，同时这些数据也可以反馈给教育管理部门。

这种基于数据的管理模式取代了传统行政管理与经验管理，在全域感知的校园环境内，通过与本科生院、研究生院、党委学生工作部、党委研究生工作部、后勤保障部等多个部门数据的联动，使学校能够拥有大量的多样态性数据，建立这些数据之间的关联，进行有效的数据梳理，挖掘隐藏信息，清晰地反映教育主体、教育资源之间的互动作用和相互关系，进而更好地帮助学校提升人才培养质量，驱动精准决策的生成，为学校教育管理工作提供前瞻性的支持。如在实践课程教学环节之后，要求学生撰写参观感受，再通过对学生学习感悟的情感梳理和捕捉，进行学生学习效果，特别是实践环节中大思政教学效果的测评。图20展现了学生在进行光谷生物城党建一体化实践教学之后，对于"党建对于企业发展促进作用"这一

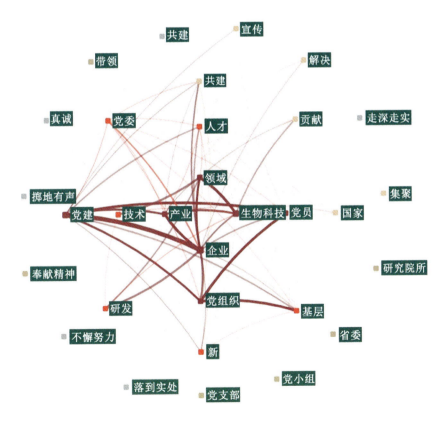

图20　学生实践参观感想词丛关联分析图

教学目标的达成程度。通过对学生实践感想的话语分析发现，学生与党建-企业发展之间的关联程度最大，这显示学生通过参观各个企业中党建的具体做法和企业发展中的党建功能，切身感受到了党建在企业发展中的重要作用。

4.3　展　　望

数智技术的快速发展，带动智慧教育环境建设，拓宽了教育边界，使教育主体可以获得最优化的学习体验与服务，身临其境地感知个体生命成长的意义。数智教育评价以无痕采集、多模态真实数据还原教育过程，运用人工智能算法，结合教育理论归纳教育规律，最终实现以评促教、以评促学的美好愿景。未来，随着数智教育评价的普及和广泛运用，还需要注意协调好教育利益相关者、智能化设备、教育理论和教育伦理之间的辩证关系，才能发挥评价促进学生成长、人才培养质量提升的重要价值。

结　　语

中国数智教育在 2023 年扬帆启航。

2024 年 1 月 26 日，教育部科学技术与信息化司司长周大旺在 1 月 26 日举行的教育部新闻发布会上表示："发展数字教育，推进教育数字化，推进教育现代化是大势所趋、发展所需，也是改革所向。"这是基于世界大势、国家战略、教育发展的综合论断。

新一轮科技革命和产业革命的深入发展，将使人类社会思维方式、组织架构和运作模式发生根本性变革，数字技术将成为全方位重塑的驱动引领力量。放眼全球，教育数字化转型已成为共识。2022 年召开的联合国教育变革峰会把教育数字化变革列为五大重点行动领域之一，不少国家纷纷出台数字化发展战略，并将教育作为其中的重要组成部分。党的二十大对推进教育数字化作出专门战略部署，强调要推进教育数字化转型，建设新型数字化社会。2023 年，教育部举办了首届世界数字教育大会，在国家层面会"以国家智慧教育平台为依托，以国家教育数字化大数据中心为重点，着力统筹应用、共享与创新，全面赋能学生学习、教师教学、学校治理、教育创新和国际合作，以数字化支撑引领教育强国建设"。

数智教育将重塑传统教育的时间、空间和形态。武汉大学通过珞珈在线网络教学平台一体化建设，逐步形成了新的教育形态。教学不再局限于特定的时间和空间，也可以不再手持教材、手写笔记，"人人皆学、处处能学、时时可学"将成为新的数字教育环境。智慧课堂、智慧校园将推动教育更加优质地发展。

武汉大学的数智教育将重塑教学双方的观念、方式并提升教育效能。"以智助学",建设常态化运行 MOOC,深入推广 SPOC 教学模式,促进移动互联网开展智慧教学;启动知识图谱型智慧课程建设,促进精准教学与学情诊断。"以智助教",在 MOOC 中试点人工智能助教,促进课程知识库建设,辅导学生个性化学习,为教师工作减负;试点人工智能数字人技术形成虚拟化教师,提高课程视频开发效率;提倡教师使用 GPT 工具,提高课程、课件建设质量,同时提高工作效率。"以智助管",基于大数据、人工智能技术对数智教学水平进行评价,构建数智评价的量规体系,为教学改进提供新的蓝图和可能。"以智助研",借助智慧教室、虚拟仿真教室,不断探索和深化教学方法研究。

武汉大学已为这场数智教育的变革做好了准备。2023 年,学校发布了《武汉大学数智教育白皮书（数智人才培养篇）》,现在又推出《武汉大学数智教育支撑体系建设指南》,其内容包含知识图谱篇、大语言模型应用篇、智慧课堂篇、数智教育评价篇,涵盖了数智教育的教学资源、教学手段、教学方法、教学评价四个要素内容,这都将成为全校师生教与学的指导方案和直接依循。

武汉大学将站在数智教育变革的最前沿,勇毅前行!